Inhalt

1
Modul

DAS GEEIGNETE HANDWERKSZEUG

2
Modul

3
Modul

Benutzerhinweise

für den »Leitfaden für pädagogisches Handeln«

Das vorliegende Buch bietet eine Fülle an Informationen, Instrumenten und Materialien, die Sie bei der Durchführung von Praktika unterstützen. Sie erhalten Anregungen zum Umgang mit weiteren am Praktikum beteiligten Personen und Institutionen, hilfreiche Hinweise für einen gelingenden Dialog sowie Unterstützung bei der gesamten Planung, Durchführung und Reflexion des Praktikums. Der Leitfaden wendet sich an praxisbegleitende Lehrkräfte in Fachschulen, Ausbildungsbegleiterinnen in Kindertagesstätten, Studierende an Fachschulen für Sozialpädagogik und sozialpädagogische Assistentinnen an Berufsfachschulen für Sozialpädagogik.

Das Thema „qualitätsorientierte fachpraktische Ausbildung" wird in drei Modulen präsentiert:

 Modul 1 Qualitätsorientierte fachpraktische Ausbildung planen: Grundlagen und Vorüberlegungen

 Modul 2 Durchführen – Praxisbegleitung konkret: das geeignete Handwerkszeug

 Modul 3 Das Praktikum reflektieren und Abschied nehmen: Feedback und Beurteilung

Im **ersten Modul** erfahren Sie, wie die fachpraktische Ausbildung mit Personal- und Qualitätsentwicklung zusammenhängt, welche Standards von Fachschulen und Praxisstellen zu erwarten sind und was Ausbildungsbegleiterinnen der Fachpraxis von Praktikantinnen erwarten können. Es geht auch darum, warum eine Verzahnung zwischen Theorie und Praxis so wichtig ist und – selbstverständlich – wie Sie all diese Aspekte miteinander vereinbaren und sinnvoll planen können.

Im **zweiten Modul** geht es dann ganz praktisch zur Sache. Sie erhalten Tipps, wie Sie eine Arbeitsbeziehung zwischen Praktikantin, Erzieherin und schulischer Begleitung (Tutorin) herstellen können sowie Hinweise zum Erstellen eines Ausbildungsplanes und zur Vorbereitung des Besuchs der Schultutorin. Weiter werden Sie über den Vorgang der kollegialen Beratung, Reflexionsgespräche und über den konstruktiven Umgang mit Kritik und Konflikten informiert. Auch den Bedürfnissen der Praktikantin wird dabei Rechnung getragen. Sie erhält Hinweise darauf, wie sie selbst Verantwortung für ihre Ausbildung übernehmen, über ihre eigene Berufsbiografie nachdenken, Ausbildungsschwerpunkte setzen und mögliche „Fallen" vermeiden kann.

Im **dritten Modul** geht es um die Bewertung des Praktikums, das Abschlussgespräch sowie das unvermeidliche Abschiednehmen und ein Resümee.

Im Anschluss erhalten Sie Gesprächsleitfäden, Beobachtungs- und Auswertungsbögen, die Sie zum Teil unbearbeitet benutzen und teilweise Ihren jeweiligen besonderen Bedürfnissen anpassen können.

Bevor Sie mit der Arbeit beginnen, sollten Sie Ihre „Anleitungspraxis" einmal unter die Lupe nehmen und Bilanz ziehen: Was ist Ihnen bisher gut gelungen, womit waren Sie erfolgreich, welche Rückmeldungen haben Sie von Praktikantinnen bekommen? Was gilt es zu bewahren, was wollen

Sie in Zukunft vielleicht verändern oder besser machen? Mithilfe einer solchen Ist-Analyse wird es Ihnen nicht schwer fallen, festzustellen, wo Sie nachbessern könnten und welche Schwerpunkte Sie künftig für Ihre Ausbildungspraxis setzen möchten.

Wenn Sie in einer großen Einrichtung arbeiten, wählen Sie vielleicht auch eine Ausbildungsbeauftragte und setzen den Schwerpunkt Ihrer Arbeit für einen bestimmten Zeitrahmen auf die Professionalisierung der fachpraktischen Ausbildung.

Der Begriff der Praxisanleitung wird in diesem Leitfaden soweit es möglich ist bewusst vermieden. Hier liegt nicht mehr das Verständnis zugrunde, dass die „Anleiterin" anleitet, weil sie „weiß, wie es richtig gemacht wird". Die fachpraktische Ausbildung hat sich dahingehend verändert, dass die frühere Anleiterin heute eher Ausbildungsbegleiterin (Lern- und Entwicklungsbegleiterin), Praxisbegleiterin oder Coach ist. Diese veränderte Rolle muss sich auch in unserem Sprachgebrauch ausdrücken.

Für den Leitfaden wurde der besseren Lesbarkeit halber die weibliche Form der Ansprache benutzt. Die Aussagen beziehen sich selbstverständlich immer auch auf die männlichen Erzieher, Lehrer und Praktikanten.

Viel Erfolg wünscht Ihnen

Petra Stamer-Brandt

Einleitung

Die Kindertagesstätte ist nicht nur der Ort, an dem Kinder betreut und gebildet werden. Sie ist auch Ausbildungsbetrieb für angehende Erzieherinnen, denn hier findet das fachpraktische Lernen statt. Der Lernort Kita mit seinem fachpraktischen Ausbildungsteil ist genauso bedeutsam für die berufliche Entwicklung wie das theoretische Wissen, das in der Fachschule vermittelt wird. Die Kindertagesstätte trägt wesentlich zur Qualifizierung und Professionalisierung der künftigen Fachkräfte bei und sichert so die Qualität der eigenen Arbeit.

Die Jugendministerkonferenz betonte schon im Jahr 1998, dass die Sicherstellung dieser Qualifikation nicht alleinige Aufgabe der schulischen Ausbildungsstätten ist, sondern die Kinder- und Jugendhilfe in den praktischen Ausbildungsabschnitten unmittelbar dazu beitragen muss, damit die Qualifizierungsziele und -inhalte auch erreicht werden können. In einem noch nicht veröffentlichten Entwurf der KMK „Kompetenzorientiertes Qualifikationsprofil für die fachschulische Ausbildung von Erzieherinnen und Erziehern" vom September 2010 heißt es auf Seite 9: „Die Ausbildung muss eine enge Theorie-Praxisverknüpfung sicherstellen. Ausgangspunkt für die Bearbeitung von sozialpädagogischen Problemlagen müssen relevante Praxissituationen sein." Und in Anlehnung an frühere Aussagen der Jugendministerkonferenz wird weiter ausgeführt: „Dem Lernort Praxis kommt eine zentrale Stellung bei der Professionalisierung von Fachkräften zu. (...) Der wechselseitige Bezug der Lernorte ´Fachschule/Fachakademie´ und ´Praxis´ ist integraler Bestandteil der Ausbil-

dung und erfordert von den Fachschulen/Fachakademien ein hohes Maß an Kooperationsarbeit. Dabei sollten folgende Grundbedingungen (...) selbstverständlich sein:

- Für alle mit der praktischen Ausbildung zusammenhängenden Fragen ist die Fachschule/Fachakademie zuständig. Sie hat insbesondere die Auswahl der Praxisstellen vorzubereiten und die Kooperation zwischen Schule und Praxis zu gestalten.
- Die Anforderungen und Zielsetzungen in Bezug auf die Praktikumsphasen sind in enger Kooperation zwischen den theoretischen Ausbildungsstätten und den Praxisstellen zu entwickeln.
- Erkenntnisse und Erfahrungen aus der Praxis werden Gegenstand der theoretischen Auseinandersetzung und umgekehrt. (...)
- Es existieren vielfältige Formen der Verzahnung in Bezug auf Planung, Durchführung, Reflexion und Evaluation der Praxisphasen und darüber hinaus zwischen Lehre und Praxis."

Der Entwurf einer Ad-hoc-Gruppe – von der Kultusministerkonferenz einberufen – zeigt die immense Bedeutung der Theorie-Praxis-Verzahnung und macht deutlich, dass das Praktikum sorgfältig geplant werden muss und nicht dem Zufall überlassen bleiben darf. Das Praktikum muss individuell auf die Voraussetzungen der Praktikantin abgestimmt sein und der jeweiligen Ausbildungsphase entsprechen. Ziele und Erwartungen werden im Dialog geklärt, Aufgabenstellungen klar nachvollziehbar und umsetzbar formuliert. Daraus ergibt sich eine Gesamtverantwortung für die Lernorte Kindertagesstätte und Schule.

Aber auch die Praktikantinnen selbst tragen Verantwortung für die eigene Professionalisierung. Ihr Interesse muss es deshalb sein, sich das notwendige Know-how zu beschaffen. Sie sind Experten für ihre eigene Person und können am besten formulieren, über welche Kenntnisse sie bereits verfügen und an welchen Stellen es noch Lücken und Lernbedarf gibt.

Der Leitfaden bietet den an der Qualifizierung Beteiligten Grundlageninformationen, Arbeitshilfen, Gesprächsleitfäden und Kopiervorlagen, die dabei helfen, ein Praktikum so zu gestalten, dass alle davon profitieren. Dieses Buch möchte auch dazu beitragen, den Dialog zwischen Praktikantinnen, Ausbildungsbegleiterinnen und Lehrkräften zu intensivieren, damit nicht möglicherweise gegensätzliche Erwartungen den Ausbildungsprozess behindern. Die Ausbildungsbegleiterinnen werden ermutigt, der Fachschule gegenüber selbstbewusst aufzutreten und offen zu klären, welchen Beitrag zur Ausbildung die Kita leisten kann und will, und wo Grenzen zu setzen sind. Der Leitfaden trägt aber auch dazu bei, dass die künftige Erzieherin das Praktikum als wichtigen Lernort und nicht nur als willkommene Abwechslung zur Schule wahrnimmt. Die Praktikantin wird angeregt, ihre Berufswahlmotivation zu überprüfen, das Lernen in die eigene Hand zu nehmen und zu dokumentieren und ihre Reflexionsfähigkeit zu stärken. Die schulischen Tutoren werden ermutigt, mit den Praktikantinnen und Ausbildungsbegleiterinnen individuelle Lernpläne zu entwickeln und einen echten Dialog herzustellen. Nur auf diese Weise können noch nicht entwickelte Basisqualifikationen vermittelt und das persönliche Berufsprofil geschärft werden.

Das Lernen der Praktikantinnen findet in aufeinander aufbauenden Lernschritten statt und wird dennoch individuell gestaltet, da die einzelnen jeweils unterschiedliche Voraussetzungen mitbringen. Die verschiedenen Praxisphasen haben allerdings unterschiedliche Schwerpunkte. Das erste Praktikum dient in der Regel dem „Schnuppern". Ziel ist es, Basisqualifikationen zu erwerben und die Berufswahlmotivation zu überprüfen. Im zweiten Praktikum geht es dann schon darum, intensive berufsfeldspezifische Lernerfahrungen zu machen. Ziel des dritten Praktikums ist es, das eigene Berufsprofil weiterzuentwickeln, die Reflexionsfähigkeit auszuweiten und die Professionalisierung voranzutreiben.

1 Qualitätsorientierte fachpraktische Ausbildung planen

1.1 Die Ist-Soll-Analyse

Bevor Sie sich entscheiden, die fachpraktische Ausbildung von Praktikantinnen zu übernehmen, sollten Sie erst einmal auf Ihre eigenen Erfahrungen und Motive zurückblicken. Das kann Ihnen helfen, sich in die Situation einer Praktikantin hineinzuversetzen und das Praktikum so zu planen, dass alle Beteiligten zufrieden sind.

Wenn Sie Ausbildungsbegleiterin sind, überlegen Sie sich bitte:

▨ Warum möchten wir uns an der Ausbildung der angehenden Erzieherinnen beteiligen? Geht es um langfristige Personalplanung, Ersatz für Langzeiterkrankte, Weitergabe von hochwertiger Ausbildungsqualität, Verantwortung für die Ausbildung...?
▨ Was bewegt mich zur Entscheidung, eine Praktikantin zu betreuen?
▨ Was qualifiziert die Einrichtung? Was qualifiziert mich als Ausbildungsbegleiterin für die Aufgabe „Praxisanleitung"?
▨ Wie viel Zeit stellt der Träger für die Begleitung der fachpraktischen Ausbildung zu Verfügung? Reicht das aus?
▨ Muss unser Begleitungskonzept überarbeitet werden? Muss erst ein Anleitungskonzept erstellt werden? Sind wir mit unserem bisherigen Ausbildungskonzept zufrieden?
▨ Welche guten, welche schlechten Erfahrungen haben wir mit Praktikantinnen, schulischen Tu-toren, Kolleginnen im Praktikum gemacht? Woran lag das? Was wollen wir in Zukunft wie ändern?
▨ Welche Rückmeldungen aus der Schule, von Praktikantinnen, von Kolleginnen haben wir bisher bekommen? Was davon hilft uns, zukünftige Praktika zu gestalten?
▨ Wie habe ich mich selbst in der Rolle der Praktikantin gefühlt? Was war schwierig, was hat mir geholfen? Welche Personen haben durch welche Verhaltensweisen oder Interventionen zu meiner Professionalisierung beigetragen?
▨ Wie habe ich die Anfangssituation, den ersten Tag erlebt? Welche Schlussfolgerungen ziehe ich daraus für den Umgang mit der zukünftigen Praktikantin?
▨ Waren die Erwartungen an mich als Praktikantin klar, wurden sie überhaupt offengelegt?
▨ Wurde ich als Individuum betrachtet und wurden meine ganz besonderen Fähigkeiten wahrgenommen?

Wenn Sie die Leitungskraft einer Einrichtung sind, fragen Sie sich doch bitte:

▨ Was zeichnet unsere Kita als professionelle Ausbildungseinrichtung aus?
▨ Verfügen wir über gut ausgebildetes Personal für die Betreuung und Begleitung der Praktikantinnen (mit Zertifikat)?
▨ Über welche besonderen, für die fachpraktische Ausbildung bedeutsamen Kompetenzen verfügen unsere Mitarbeiterinnen?

- Haben wir ausreichend Ressourcen für die Praxisbegleitung zur Verfügung (Zeit, Anrechnungsstunden, Personal, Know-how)?
- Sind wir in der Lage, die Verzahnung von schulischem und fachpraktischem Lernen zu unterstützen?
- Welche Motive haben uns bewegt, Praktikantinnen einzustellen?

- Gibt es eine Ausbildungsbeauftragte für die Praktikantinnen?
- Gibt es ein Ausbildungskonzept?
- Wird in unserer Konzeption die Einrichtung als ein Lernort für Praktikantinnen ausgewiesen?
- Wo liegen die Stärken unserer Einrichtung? Was können Praktikantinnen hier lernen?

FACHPRAKTISCHE AUSBILDUNG

Das gelingt uns gut	Da können wir noch nachbessern	Da gibt es Versäumnisse	Da wollen wir hin (Bis wann? Wer kümmert sich?)

BESTANDSAUFNAHME

Auf Grundlage dieser Analyse können Sie ein Konzept für die fachpraktische Ausbildung in Ihrer Einrichtung entwickeln und es den Schulen/der mit Ihnen kooperierenden Schule vorlegen, wenn Sie sich als Praxisausbildungsstelle profilieren wollen und an einer kontinuierlichen Zusammenarbeit interessiert sind.

1.2 Die fachpraktische Ausbildung ist Teil der Personalentwicklung

Praxiseinrichtungen und Fachschulen für Sozialpädagogik bilden in gemeinsamer Verantwortung angehende Pädagoginnen aus. Damit zeigen sich die beiden Institutionen verantwortlich für die Qualität der Ausbildung und für die Qualität ihres zukünftigen Personals. Sie beteiligen sich also – ob bewusst oder unbewusst – aktiv an der Personalentwicklung. Personalentwicklungsplanung bedeutet aber mehr, als sich an der Ausbildung zu beteiligen. Personalentwicklung zielt auch darauf ab, Personal frühzeitig gut auszuwählen und die Qualifizierung auf dem Weg zur Professionalisierung aktiv mitzugestalten.

Kindertageseinrichtungen verhalten sich klug und verantwortlich, wenn sie sich ihrer Personalverantwortung bewusst sind und zielgerichtet damit umgehen. Sie schulen quasi ihr eigenes zukünftiges Personal und können rechtzeitig eine Auswahl treffen. Eine solche Praxis der Personalentwicklung kann natürlich nicht dem Zufall überlassen bleiben. Bedarfs- und ressourcenorientierte langfristige Planung ist Voraussetzung.

Sie brauchen zunächst einen Überblick über den Ist-Zustand Ihres Personalbestandes: Wer arbeitet bei uns und bringt welche Qualifikationen mit? Wie lange arbeiten diese Mitarbeiterinnen noch bei uns? Wann stehen vielleicht Pensionierungen an? Welche Kompetenzen gehen uns damit abhanden? Welche besonderen Arbeitsbereiche können vom bisher eingestellten Personal abgedeckt werden (Qualifikation als Praxisbegleitung, besondere Fähigkeiten im Bereich der Beobachtung und Diagnostik, Sprachkenntnisse, gestalterische Fähigkeiten...)?

Dokumentieren Sie sorgfältig, wie es um die Kompetenzen Ihres Teams bestellt ist. Ist das Team in der Lage, die Anforderungen von Eltern, Trägern und Bildungsplänen abzudecken? Gibt es in unserem Team Pädagoginnen, die mit Kindern zum Beispiel mathematisch-naturwissenschaftlich arbeiten können? Haben wir Spezialisten für interkulturelle Arbeit und inkludierte Pädagogik?

Betrachten Sie Ihren Personalbestand möglichst umfassend und objektiv:

▪ Sind Sie ein heterogenes Team, das eine große Bandbreite an Potenzialen bietet und alle Bedürfnisse der Kinder, Eltern, des Arbeitgebers und die Anforderungen der Bildungspläne abdeckt?

▪ Haben Sie bisher vor allen Dingen darauf geachtet, dass „die Chemie stimmt" und dafür Lücken in Kauf genommen?

▪ Gibt es verborgene Potenziale oder kennen Sie Ihre Mitarbeiterinnen mit allen ihren besonderen Kompetenzen?

▪ Wo gibt es Lücken?

▪ Wo gibt es besondere Fähigkeiten, die im Rahmen der fachpraktischen Ausbildung von Bedeutung sein könnten?

▪ Welche Kompetenzen muss eine potenzielle Erzieherin mitbringen, die bei Ihnen ein Praktikum absolvieren und später einen Arbeitsplatz haben möchte?

▪ Welche Mitarbeiterinnen werden in den nächsten Jahren pensioniert und könnten bis zu diesem Zeitpunkt ihr besonderes Wissen an eine Praktikantin weitergeben und sie an ihren Fähigkeiten partizipieren lassen?

▪ Sind Sie mit dem Profil Ihrer Einrichtung zufrieden und wird es durch das derzeitige Personal in ausreichendem Maße abgebildet?

▪ Über welche Schlüsselkompetenzen sollte eine Praktikantin verfügen, die das Team bereichern kann? Was kann eine Praktikantin bei Ihnen noch lernen?

▪ Wer eignet sich besonders für die Aufgabe der Ausbildungsbeauftragten und erarbeitet, falls nicht schon vorhanden, ein Ausbildungskonzept?

Auch eine Praktikantin kommt nicht als unbeschriebenes Blatt zu Ihnen. Sie bringt Einstellungen mit, verfügt über ihr eigenes Bild vom Kind und hat ganz besondere Fähigkeiten. Es macht deswegen Sinn, sich der Praktikantin sehr intensiv zu widmen, sie gut kennenzulernen und in Hinblick auf die Personalplanung viel Zeit und Energie aufzuwenden. Im Rahmen eines Praktikums zeigt sich häufig deutlicher als in einem Vorstellungsgespräch, wer sich als zukünftige Mitarbeiterin der Einrichtung eignet. Das Praktikum bietet allen Beteiligten die Möglichkeit, festzustellen, ob man zueinander passt, den gegenseitigen Anforderungen gerecht werden und sich eine erfolgreiche Zusammenarbeit vorstellen kann. Unter diesem Gesichtspunkt ist es wichtig – für die Einrichtung und für die Praktikantin – viel Energie in eine fruchtbare Zusammenarbeit zu investieren.

Denken Sie als Praktikantin daran, dass Sie nicht die einzige sind, die in dieser Position in der Einrichtung tätig ist und war. Und vergegenwärtigen Sie sich als Ausbildungsbegleiterin, dass es momentan mehr offene Stellen als Bewerber gibt. Es macht deswegen Sinn, dem Praktikum eine große Bedeutung zuzumessen und es sorgfältig zu planen.

Die personelle Situation in den Einrichtungen wird sich in den nächsten Jahren noch verschlechtern, weil immer mehr Plätze für Kinder bis zum Alter von drei Jahren geschaffen werden, die eine ganz besonders gute fachliche Betreuung benötigen. Dazu kommt: „Aktuelle Daten zur Altersstruktur der Fachkräfte für den Bereich Tageseinrichtungen aus dem Jahr 2006 zeigen für die westlichen Bundesländer eine weitere Zunahme bei den Beschäftigten, die 40 Jahre und älter sind. Da sich das Arbeitsgebiet insgesamt auf Expansionskurs befand, führte dies bis vor kurzem nicht zu einem Rückgang der Anzahl der jüngeren Fachkräfte am Berufseinstieg. Im Jahr 2006 lässt sich jedoch für das jüngere Personal eine deutliche Trendwende erkennen und die Zahl der Fachkräfte ohne Berufserfahrung im Alter zwischen 20 und 25 Jahren ging deutlich zurück. In den östlichen Ländern hat sich die Altersstruktur weiter leicht zugunsten der älteren Fachkräfte verschoben. Inzwischen sind dort 71 % aller Tätigen in Tageseinrichtungen 40 Jahre und älter. Immerhin jede dritte Fachkraft ist dort über 50 Jahre alt. Bei einem regulären Ausscheiden mit 65 Jahren wäre in Ostdeutschland ab 2011 mit einem nennenswerten Ersatzbedarf von Fachkräften in Tageseinrichtungen zu rechnen" (Positionspapier der Arbeitsgemeinschaft für Jugendhilfe – AGJ 2008: Personal in der Kinder- und Jugendhilfe – Herausforderungen und Perspektiven, S. 1). Diese Zahlen zeigen, dass eine gründliche und langfristige Personalplanung unter Einbeziehung der Praktikantenrekrutierung und -ausbildung von immenser Bedeutung ist.

Das System Personalentwicklung

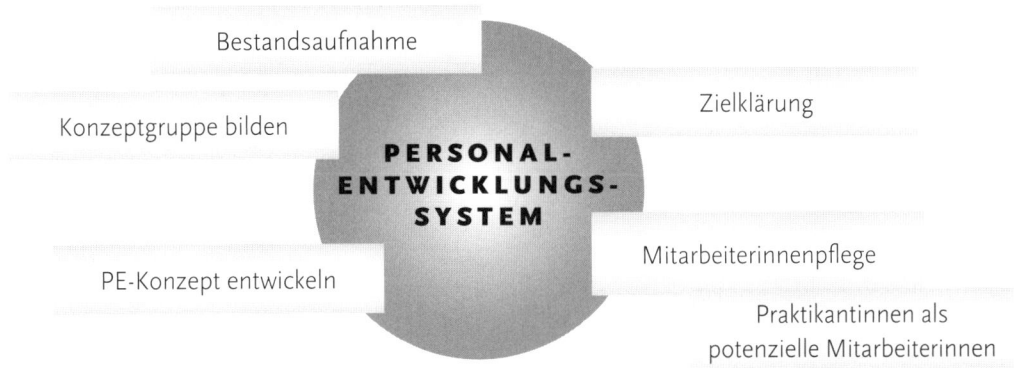

Bestandsaufnahme

Konzeptgruppe bilden

PERSONAL-ENTWICKLUNGS-SYSTEM

Zielklärung

Mitarbeiterinnenpflege

PE-Konzept entwickeln

Praktikantinnen als potenzielle Mitarbeiterinnen

Indem Sie die fachpraktische Ausbildung der zukünftigen pädagogischen Fachkräfte nicht nur in die Hand nehmen, sondern überlegt und zielgerichtet planen, machen Sie es möglich, mittelfristig ein leistungsfähiges und heterogenes Team aufzubauen bzw. die Leistungsfähigkeit des Teams zu sichern. Die gute und gezielte Auswahl des Personals ist ein entscheidender Schritt für die Qualitätsentwicklung Ihrer Einrichtung.

Damit Sie sich auch nach einiger Zeit noch an eine Praktikantin erinnern und sie richtig einschätzen können, sollten Sie eine Checkliste für Praktikantinnen anfertigen und dieses während des Praktikums erstellte Portfolio sorgfältig aufbewahren. Das wird Ihnen später bei der Entscheidung für oder gegen eine Einstellung helfen.

1.3 Die fachpraktische Ausbildung ist Teil der Qualitätsentwicklung

Qualität ist „ein komplexes Maß (...), das sich aus verschiedenen vorher definierten Eigenschaften der Gesamtleistung einer Organisation ergibt"(Reis 1995, S. 59).

Das Ausbildungskonzept als Visitenkarte für gute Qualität

Die Diskussion darüber, was „gute pädagogische Arbeit" bedeutet, ist nicht neu. Sie kennen die Debatte, die schon vor zehn Jahren zur Entwicklung von Leitlinien und Bildungsempfehlungen geführt hat. Doch obwohl wir davon ausgehen können, dass die Bildungsempfehlungen in allen Kitas Einzug gehalten haben, können viele Pädagoginnen die Frage nach den Indikatoren für „gute Arbeit" in Kindertagesstätten nicht immer beantworten. Manchmal wird auch eher eine „gefühlte Qualität" beschrieben, die allerdings nicht evaluiert werden kann.

Ein Qualitätsmerkmal einer guten Einrichtung sollte der professionelle Einsatz und Umgang mit Praktikantinnen sein. Was das genau heißt, muss aber definiert (s. Standards auf S. 14 f.) und die Wirksamkeit auch regelmäßig überprüft werden.

Die Qualität des Praktikums schlägt sich zunächst einmal im Vorhandensein eines Konzeptes für die fachpraktische Ausbildung nieder. Das Ausbildungskonzept sollte Aussagen enthalten über

- das Ausbildungscurriculum
- Ausbildungsstandards und Qualitätsanforderungen
- Ausbildungsziele
- Indikatoren für die Erreichung der Ziele
- Ausbildungsbedingungen
- Erwartungen an die Praktikantinnen
- Angebote der Einrichtung (Teilnahme an Supervision, regelmäßige Reflexionsgespräche, Hospitationen in anderen Gruppen und bei Teamsitzungen und Elterngesprächen)
- das Ausbildungsprogramm (Orientierung, Beobachtung, schrittweise Verselbstständigung, pädagogische Angebote)
- Aussagen über die Qualifikation der Ausbildungsbegleiterin.

Die Einrichtung als fachpraktische Ausbildungsstätte

Zu Ihrem Einrichtungsprofil könnte es auch gehören, dass Ihre Kita sich als Ausbildungsstelle für die fachpraktische Ausbildung qualifiziert. Das bedeutet, dass Sie

- über ein Ausbildungskonzept verfügen, das auch den Fachschulen bekannt ist,
- eine Anerkennung als Ausbildungseinrichtung besitzen (von der Lernortkooperation, der Fachschule, der Jugendbehörde),
- die Qualität Ihrer Praktikantinnenausbildung evaluieren oder evaluieren lassen,

- sich regelmäßig Feedback von den Praktikantinnen und den sie betreuenden Lehrkräften einholen,
- das „Praktikum" zu einem Thema machen, das regelmäßig im Team und mit den Eltern besprochen wird,
- eine Ausbildung als Ausbildungsbegleiterin (mit Zertifikat) haben und sich regelmäßig fortbilden,
- Zeit für die Zusammenarbeit mit der Fachschule investieren können,
- schon bei der Auswahl der Praktikantinnen sorgfältig vorgehen,
- Praktikantinnen nicht als billige Arbeitskräfte betrachten,
- der Ausbildungsbegleiterin Supervision oder Coaching anbieten.

Auch Praktikantinnen prägen das Bild der Einrichtung. Deswegen sollten Sie großen Wert auf eine geeignete Auswahl legen. Damit stellt sich die Frage: Wie sieht denn eine „gute" Praktikantin aus, die von den Eltern akzeptiert, von den Kindern gemocht und vom Team anerkannt wird? „Die" gute Praktikantin gibt es nicht. Eine Praktikantin, die genau in Ihre Einrichtung passt, ist vielleicht für die Nachbareinrichtung oder ein anderes Arbeitsfeld nicht so geeignet. Besprechen Sie deswegen im Team einmal ganz genau, was „Ihre" Praktikantin mitbringen sollte und bedenken Sie dabei Folgendes:

Die „gute" Praktikantin hat zwar noch einiges zu lernen, deswegen kommt sie ja zu Ihnen. Aber sie ist auch kein unbeschriebenes Blatt mehr und kann das Team bereichern. In Hinblick auf eine mögliche spätere Festeinstellung sollten Sie schon in diesem frühen Stadium der Personalplanung einen intensiven Blick auf die Person werfen, die das Bild Ihrer Einrichtung nun für ein paar Wochen mitprägen wird. Das sollte Ihnen wichtig genug sein, um später eine wirklich gute Auswahl treffen zu können. Ein Punkt, der bei Ihrer Auswahl helfen und zur Qualitätssicherung beitragen könnte, lautet: Achten Sie auf Heterogenität! Eine Praktikantin, die zum Beispiel einen Migrationshintergrund hat, über ein besonderes musisches Talent verfügt oder Fußball spielen kann, kann das Kita-Leben bereichern und die Qualität fördern.

Bevor Sie Praktikantinnen aufnehmen, sollten Sie sich im Team darüber verständigen, welche Anforderungen Sie an eine Praktikantin in der jeweiligen Ausbildungsphase stellen. Sie können bestimmte Erwartungen voraussetzen und festlegen, welche Kompetenzen im Rahmen der fachpraktischen Ausbildung erworben oder verfestigt werden sollten. Auch das kann nicht dem Zufall überlassen bleiben und muss individuell auf die jeweilige Praktikantin zugeschnitten werden.

Qualität können Sie nur erzeugen, wenn Sie relativ genau wissen, was Sie von der Praktikantin zu erwarten haben und auf welche Kompetenzen Sie aufbauen können. Das sollten Sie bereits im Vorstellungsgespräch und durch eine aussagekräftige Bewerbung herausgefunden haben. Am besten fertigen Sie mit der Praktikantin gemeinsam einen Lernvertrag (Lernlandkarte, Kompetenzprofil) an und verfolgen genau die Weiterentwicklung. So vermeiden Sie, dass zum Beispiel eine gute Beobachterin und Analytikerin, der aber vielleicht etliche methodische Kompetenzen fehlen, dort gefördert wird, wo sie schon stark ist, und keine Angebote in Bereichen erhält, die noch nicht zu ihren Stärken zählen.

„Die Qualität der Ausbildung (...) der pädagogischen Fachkräfte ist die Voraussetzung für die Qualität in den Kindertageseinrichtungen" (Robert-Bosch-Stiftung, zit. nach Müller-Neuendorf 2005).

1.4 Die fachpraktische Ausbildung braucht Standards

Ein Standard ist eine weitgehend einheitliche, von den Verwendern abgesprochene und deswegen anerkannte und auch angewandte (oder zumindest angestrebte) Form, etwas zu tun oder durchzuführen. Darunter kann eine Norm, eine mehr oder weniger verbindliche Regel oder Vereinbarung verstanden werden. Solche Vereinbarungen dienen der Orientierung und tragen dazu bei, Vergleichbarkeit herzustellen. Wenn Schulen und Einrichtungen sich auf Standards für die Ausbildung einigen, können eine verlässliche Zusammenarbeit gewährleistet und eine Vergleichbarkeit der Ausbildung (mindestens innerhalb eines Bundeslandes, möglichst länderübergreifend) hergestellt werden. Im Rahmen der Kulturhoheit der Länder bleibt das wahrscheinlich noch lange ein Wunschtraum. Aber die Jugendministerkonferenz hat ja bereits einen Anfang gemacht.

1.4.1 Standards für den Lernort Praxis

Folgende Anforderungen sind an die Träger von Praxiseinrichtungen, die Praxisstellen und die Praxisanleitung zu stellen:

- Der ‚Lernort Praxis' hat Verantwortung für die Weiterentwicklung und Sicherung von Qualitätsstandards in der sozialpädagogischen Praxis. Der Träger sollte den Zusammenhang zwischen Qualitätssicherung der pädagogischen Arbeit und der Qualifizierung der Praxis als Lernort anerkennen.
- Die Ausbildung von Nachwuchskräften ist eine wichtige Personalentwicklungsaufgabe und gehört in besonderem Maße zur Verantwortung der Träger.
- Der Träger sollte dafür sorgen, dass die Einrichtungen zur Wahrnehmung von Aufgaben im Rahmen der Ausbildung ein ausreichendes Zeitbudget zur Verfügung gestellt bekommen,

weil nur so eine Kontinuität in der Zusammenarbeit zwischen den Lernorten gewährleistet werden kann.

- Der Träger sollte in diesem Zusammenhang die Fort- und Weiterbildung, die Fachberatung sowie die Supervision für eine wichtige Voraussetzung halten.
- Der Träger sollte Mittel zur Qualifizierung von berufserfahrenen Fachkräften für die Tätigkeit als Ausbildungsbegleiterin zur Verfügung stellen und mit dafür Sorge tragen, dass vor einer Anleitungstätigkeit auch eine entsprechende Fortbildung bzw. Qualifizierungsmaßnahme absolviert wurde.
- Der Träger achtet darauf, dass der Personalschlüssel in den Einrichtungen eingehalten wird, um zu gewährleisten, dass Schülerinnen während ihrer praktischen Ausbildungsabschnitte in der Regel nicht ohne Praxisbegleitung tätig werden und nicht als Ersatz für eine sozialpädagogische Fachkraft gelten.
- Der Träger stellt sicher, dass die Einrichtung über eine schriftliche pädagogische Konzeption verfügt.
- Zur Konzeption der jeweiligen Einrichtung muss es gehören, sich selbst als einen ‚Lernort' zu definieren und zwar im doppelten Sinne: Das Team der Einrichtung versteht sich selbst als eine lernende Organisation. Dieses Selbstverständnis wiederum ist die Voraussetzung dafür, dass sich die Einrichtung auch als ein ‚Lernort' für andere öffnet. Die Einrichtung versteht sich dann selbst als einen ‚Lernort' innerhalb von Ausbildung, wenn sie ein Interesse sowohl an Weiterentwicklung der sozialpädagogischen Praxis als auch an der Förderung eines qualifizierten Nachwuchses hat.
- Es muss die Bereitschaft zur Entwicklung umfassender Beziehungen zum ‚Lernort Schule' vorliegen, die die generelle Bereitschaft zur Mitwirkung am Ausbildungsprozess einschließt; insbesondere muss die Bereitschaft vorliegen,
- an der Entwicklung des schulbezogenen Curriculums mitzuarbeiten,

– sich an Projekten oder dem schulischen Unterricht zu beteiligen,
– einen Ausbildungsplan für die Schülerinnen in den praktischen Ausbildungsabschnitten gemeinsam mit dem ‚Lernort Schule‘ zu erstellen,
– dem ‚Lernort Schule‘ regelmäßig eine Rückmeldung über den Leistungsstand der Schülerinnen zu geben,
– die Berufsfähigkeit der Schülerinnen nach geklärten und benannten Kriterien zu beurteilen,
– sich an Prüfungen zu beteiligen.

In Anerkennung der Zuständigkeit des Trägers ist es für ein Gelingen der Ausbildung unabdingbar, dass auch die Einrichtungsleitung Verantwortung für die Schülerinnen während der praktischen Ausbildungsabschnitte übernimmt. Sie sorgt dafür, dass den Schülerinnen Fachkräfte zur Seite gestellt werden, die über eine mindestens zweijährige einschlägige Berufserfahrung verfügen und für die Praxisbegleitung besonders qualifiziert sind. Dabei ist wesentlich, dass die Fachkräfte, die die Ausbildungsbegleitung in der Praxis übernehmen, einen Dienstplan erhalten, der ein entsprechendes Zeitfenster für die Qualifizierung zur Praxisbegleiterin vorhält. Das wurde auch schon 2003 von der Jugendministerkonferenz vorgeschlagen.

Zum Standard der Kindertageseinrichtung gehört auch die qualifizierte Ausbildungsbegleiterin. Sie sollte

▨ über eine mehrjährige Berufserfahrung verfügen,
▨ eine Fortbildung (zertifiziert) als Ausbildungsbegleiterin haben,
▨ sich regelmäßig weiterbilden,
▨ Supervision in Anspruch nehmen,
▨ engen Kontakt zur Fachschule haben,
▨ über kommunikative Kompetenzen und Beratungskompetenzen verfügen,
▨ freiwillig und gerne die Ausbildungsbegleitung übernehmen,
▨ Zeit für den regelmäßigen Austausch mit Praktikantin und Schule haben,
▨ mit hoher beruflicher Kompetenz ausgestattet sein,
▨ fähig sein, konzeptionell zu arbeiten.

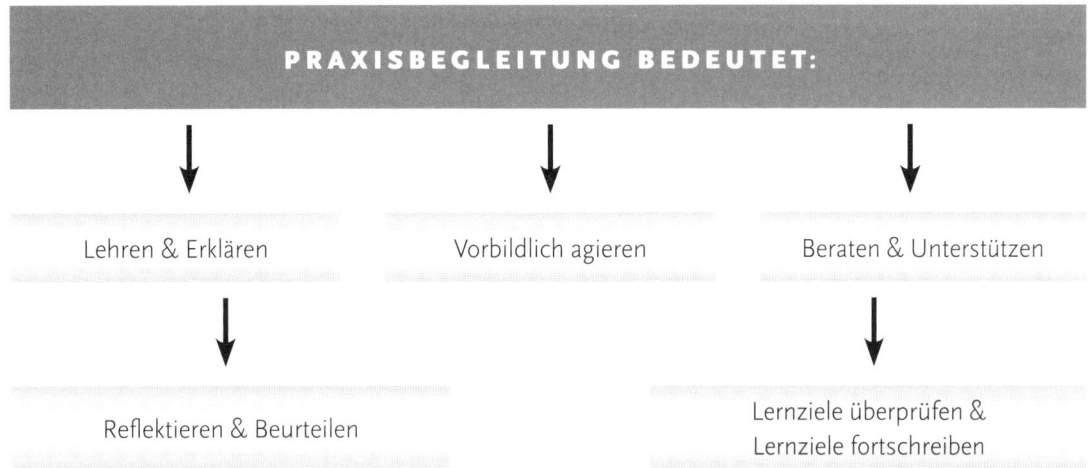

PRAXISBEGLEITUNG BEDEUTET:

Lehren & Erklären

Vorbildlich agieren

Beraten & Unterstützen

Reflektieren & Beurteilen

Lernziele überprüfen &
Lernziele fortschreiben

Leider muss an dieser Stelle festgestellt werden, dass es für die Ausbildung der Praxisbegleiterinnen kein Curriculum gibt. Nach meinen Erkenntnissen gibt es auch keine Forschung darüber, wie Praxisbegleitung tatsächlich wirkt. Solange diese nicht besonders vergütet wird und keine zeitlichen Ressourcen zur Verfügung gestellt werden, wird sich daran wohl auch so schnell nichts ändern. Das wäre aber dringend notwendig, denn Professionalisierung kann kein Zufallsprodukt bleiben.

1.4.2 Standards für Praktikantinnen während der unterschiedlichen Praxisphasen

Da die Ausbildung der Studierenden an Fach- und Berufsfachschulen in vielen Bundesländern unterschiedlich gehandhabt wird, kann hier nur an Beispielen (s. S. 17) deutlich gemacht werden, wie die unterschiedlichen Phasen zu „händeln" sind. Die meisten Länder haben sich im Rahmen der Erzieherinnenausbildung für ein integriertes Praktikum entschieden. Nur in wenigen Ländern werden noch ein Vor- und ein Anerkennungspraktikum (je 1 Jahr) durchgeführt.

Grundlagenpraktikum – Orientierungsphase

Die Praktikantin

- macht sich mit der Einrichtung vertraut, lernt die dort betreuten Kinder und die Mitarbeiterinnen kennen, informiert sich über das Konzept der Einrichtung und schätzt die Lage der Einrichtung im sozialen Umfeld ein;
- macht sich mit Regeln und Ritualen vertraut und befolgt diese;
- setzt sich mit ihrer Berufswahlmotivation, der eigenen Biografie und dem eigenen Selbstbild auseinander;
- tauscht sich mit der Praxisbegleiterin über Erwartungen und Befürchtungen aus;

- entwickelt zunehmend eine reflexive Haltung;
- formuliert Ziele und Entwicklungsaufgaben für das Praktikum;
- übernimmt erste Beobachtungsaufgaben und lässt sich in Beobachtungsverfahren der Einrichtung einweisen;
- knüpft Kontakte zu den Kindern, bietet erste Angebote an;
- zeigt Bereitschaft, sich Neues anzueignen;
- bringt sich aktiv in den Alltag ein;
- fertigt ein Praxisportfolio an oder dokumentiert auf andere Weise ihren Lernweg;
- geht vertraulich mit Informationen um;
- zieht Zwischenbilanz und setzt neue Ziele für das nächste Praktikum.

Schwerpunktpraktikum – Erprobungsphase

Die Praktikantin

- hat Sicherheit im Umgang mit Kindern, Mitarbeiterinnen und dem nicht pädagogischen Personal gewonnen;
- erprobt sich in verschiedenen Aufgabenfeldern (Mitarbeit in den Werkstätten, Angebote für mehrere Kinder, Mitarbeit bei Projekten);
- kann mit Stress umgehen;
- agiert zunehmend selbstständiger;
- arbeitet im Team;
- kann sich an den Bildungsempfehlungen bzw. Leitlinien orientieren;
- nimmt regelmäßig Beobachtungsaufgaben wahr und zieht aus den Beobachtungen Rückschlüsse auf die künftige Arbeit;
- kann Schwerpunkte setzen und Ziele vereinbaren;
- reflektiert ihre Arbeit und evaluiert sie;
- bezieht rechtliche, betriebliche und finanzielle Aspekte in die Arbeit mit ein;
- kann das Einrichtungskonzept bewerten und mit der aktuellen Theoriebildung in Einklang bringen;

Beispiel: Struktur der Erzieherinnenausbildung in Hamburg

4. Verteilung der Praxis- und Theorieanteile in der Ausbildung

1. Halbjahr: Einführung und Orientierung in den Arbeitsfeldern
2. Halbjahr: Grundlagenpraktikum P I
3. Halbjahr: Theorie
4. Halbjahr: Schwerpunktpraktikum P II (Beginn der Projektarbeit)
5. Halbjahr: Schwerpunktpraktikum P II (Projektarbeit)
6. Halbjahr: Theorie und Prüfung

FSP W5 Woche	1. Halbjahr	2. Halbjahr	3. Halbjahr	4. Halbjahr	5. Halbjahr	6. Halbjahr
	keine Praxis 5 Tage Schule	3 Tage Praxis 2 Tage Schule	keine Praxis 5 Tage Schule	4 Tage Praxis 1 Tag Schule	2 Tage Praxis 3 Tage Schule	keine Praxis 5 Tage Schule
1	Einführungswoche	Praxisblock			Praxisblock	
2				Praxisblock		
3						
4		Grundlagenpraktikum P I		Schwerpunktpraktikum P II	Schwerpunktpraktikum P II	
5						
6						
7						
8						
9						
10						
11						
12						
13						
14						
15						
16						
17					Facharbeit	
18					Schreibphase	
19						
20						

Im ersten Halbjahr findet eine auf wenige Tage beschränkte Praxisfeldorientierung statt. Die erste Schulwoche im 4. Halbjahr kann für die schulischen Gewalt- und Suchtpräventionsveranstaltungen genutzt werden.

Die Arbeitszeit im Praktikum beträgt grundsätzlich 7,5 Stunden inkl. 30 Minuten Pause.

Beispiel: Struktur der Erzieherinnenausbildung in Thüringen

Die berufspraktische Ausbildung in Form von Blockpraktika ist in folgender zeitlicher Strukturierung zu gestalten (der Beginn der sechswöchigen Praktika kann nach dem jeweiligen exakten Schuljahresbeginn und -ende geringfügig variieren):

	Aug.	Sept.	Okt.	Nov.	Dez.	Jan.	Febr.	März	April	Mai	Juni	Juli
1. Jahr								6 Wochen				
2. Jahr				6 Wochen					6 Wochen			
3. Jahr								Letztes Schulhalbjahr				

- ist in der Lage, professionelle Beziehungen aufzubauen;
- kann sich mit den Lebenssituationen der Kinder auseinandersetzen;
- kennt arbeitsfeldadäquate Methoden, projektorientierte Arbeitsweisen, partizipative Verfahren und wendet diese an;
- erkennt Anzeichen von Gefährdung;
- kennt Unterstützungs- und Beratungsangebote im Umfeld der Kita;
- führt ein Lerntagebuch/Portfolio;
- holt Feedback ein und gibt Feedback.

Schwerpunktpraktikum – Verselbstständigung

Die Praktikantin

- beobachtet und dokumentiert Entwicklungswege der Kinder;
- kennt unterschiedliche Beobachtungsverfahren und kann diese anwenden;
- ist in der Lage, Entwicklungs- und Förderpläne zu erstellen oder bei der Erstellung Unterstützung zu leisten;
- kann Protokolle anfertigen (auch im Rahmen von Elterngesprächen);
- führt ein Projekt selbstständig durch und reflektiert es;
- ergreift von sich aus Initiative im Team und erprobt sich in eigenverantwortlicher Zusammenarbeit mit Kolleginnen und Eltern;
- hat ihre Entwicklungsaufgaben bewältigt und entscheidet sich für neue Entwicklungsaufgaben;
- ist in der Lage, das Praktikum zu reflektieren;
- ist fähig, aktiv an kollegialer Beratung teilzunehmen.

Im Rahmen der fachpraktischen Ausbildung hat die Praktikantin die Möglichkeit, eine professionelle Haltung zu entwickeln. Darunter wird die Sozial- und Selbstkompetenz der Pädagogin verstanden: „Unter professionellem Handeln verstehen wir zu-

allererst die Abwesenheit von Zufälligkeit. Die Handlungen, die eine Erzieherin in ihrem professionellen Kontext versieht, seien sie mit Kindern, Eltern oder Kolleginnen, Trägern, Vertretern der Jugendhilfe oder anderen, haben von bewussten Entscheidungen geprägt zu sein. Diese wissenschaftlich basierte Urteilsfähigkeit ermöglicht den Erzieherinnen bestenfalls, unerwartete Situationen analysieren und bewältigen zu können (Souveränität), über das einfache Wissen hinaus Strukturen und Prozesse zu verstehen (Befähigung) und ein durch Wissen begründetes Selbstvertrauen (Professionelle Haltung). Mithilfe dieser Trias sollten Erzieherinnen in der Lage sein, ihren beruflichen Anforderungen gerecht zu werden" (Pasternack 2009 in: Positionspapier des Niedersächsischen Instituts für frühkindliche Bildung und Entwicklung 2010, S. 2; http://nifbe.de/pages/posts/positionspapier-professionalisierung179.php).

Professionelle Arbeit in der Kindertagesstätte bedeutet, dass Erzieherinnen über reflexive Fähigkeiten und Methodenkompetenz verfügen, Selbstvertrauen besitzen und in der Lage sind, die Individualität der Kinder wahrzunehmen und entsprechend auf sie einzugehen.

1.4.3 Standards für den Lernort Schule

Die Obersten Landesjugendbehörden formulieren für den „Lernort Schule" folgende Anforderungen im Sinne von Qualitätsmerkmalen:

- Der „Lernort Schule" öffnet sich gegenüber der Praxis als ein Lernort.
- Der „Lernort Schule" kooperiert mit dem „Lernort Praxis" bei der Entwicklung des schulbezogenen Curriculums.
- Der „Lernort Schule" entwickelt gemeinsam mit dem „Lernort Praxis" die für die Ausbildung relevanten Ziele, Themen und Schwerpunkte.

- Der „Lernort Schule" erstellt gemeinsam mit dem „Lernort Praxis" einen Ausbildungsplan für die Schülerinnen in den praktischen Ausbildungsabschnitten.
- Zwischen dem „Lernort Schule" und dem „Lernort Praxis" finden regelmäßige Absprachen über den Leistungsstand der Schülerinnen statt.
- Der „Lernort Schule" holt zur Feststellung der Berufsfähigkeit der Schülerinnen die Beurteilung des „Lernortes Praxis" ein.
- Der „Lernort Schule" beteiligt geeignete Vertreterinnen des „Lernortes Praxis" an den Prüfungen.
- Der „Lernort Schule" hat Interesse an der Mitarbeit von erfahrenen Praktikerinnen, Erzieherinnen und Sozialpädagoginnen im Unterricht.
- Lehrkräfte hospitieren in dem „Lernort Praxis" und können dort zum Beispiel beratend mitwirken.
- Der „Lernort Schule" übernimmt Mitverantwortung für die Weiterentwicklung und Sicherung von Qualitätsstandards in der sozialpädagogischen Praxis, indem er gemeinsame Gremien wie Arbeitskreise, sozialpädagogische Zentren etc. für eine vernetzte Professionalisierung beider Lernorte etabliert (vgl. Jugendministerkonferenz 2001).

Mit diesen Hinweisen der Jugendministerkonferenz aus dem Jahre 2001 wird deutlich, dass schon sehr früh Qualitätsmerkmale für die schulische Ausbildung von Erzieherinnen auf Bundesebene formuliert wurden. Es ist deswegen an der Zeit, diese Qualitätskriterien auch anzuwenden und umzusetzen. Es muss auch das Interesse von Praktikantinnen sein, die entsprechenden Forderungen an ihre Ausbildungsschule zu stellen.

1.5 Vernetzung der Lernorte Schule und Praxis – Lernortkooperation

Was bedeutet der Begriff „Vernetzung"? Netze halten zusammen. Sie bestehen aus miteinander verknüpften Fäden zu einem sinnvollen Ganzen. Sie tragen Lasten und sorgen für einen sicheren Halt. Damit sind die Aufgaben des Netzwerkes „Lernortkooperation" eigentlich hinreichend beschrieben.

Wenn die schrittweise Professionalisierung der Praktikantin gelingen und das Praktikum zum Erfolg führen soll, müssen alle am Praktikum beteiligten Personen gut zusammenarbeiten. Praxiseinrichtungen und Fachschulen müssen ein Arbeitsbündnis (Lernortkooperation) herstellen, für das es ein miteinander abgestimmtes Konzept gibt, das klare Zielformulierungen enthält.

Gerade die Fachschulen für Sozialpädagogik haben sich eine hohe Praxisorientierung auf die Fahne geschrieben. Unter anderem auch dieser Praxisorientierung ist es zu verdanken, dass die Fachschulen für Sozialpädagogik und die Berufsfachschulen in den nächsten zehn Jahren noch existieren werden – allen Unkenrufen zum Trotz. Von daher muss es Anliegen insbesondere der Fachschulen sein, eine arbeitsfähige Lernortkooperation ins Leben zu rufen, die eine Theorie-Praxis-Verknüpfung gewährleistet. Manche Fachschulen für Sozialpädagogik verfügen bereits über ein neues berufsdidaktisches Konzept der Kooperation zwischen den Lernorten. Damit soll gesichert werden, dass schulische Lerninhalte und praktische Ausbildung aufeinander abgestimmt sind. Die praktischen Ausbildungsabschnitte müssen grundsätzlich im Kontext der schulischen Ausbildungsziele betrachtet werden. Und das geht nur, wenn in der Praxiseinrichtung die Ausbildungsziele und Standards der Fachschule bekannt sind – wenn klar ist, von welchen Kompetenzen der Praktikantinnen die Kita ausgehen kann. Andererseits muss die Fachschule darüber informiert sein, welches Anforderungsprofil die Einrichtung voraussetzt, welche Kompetenzen sie von einer zukünftigen Fachkraft erwartet. In gemeinsamen Workshops und bei Fortbildungsveranstaltungen muss geklärt werden, wer welchen Beitrag zur Professionalisierung der zukünftigen Erzieherin leisten kann.

Der Deutsche Berufsverband für Soziale Arbeit e.V. (DBSH) äußert sich dazu wie folgt: „Theorie und Praxis sollen nicht als voneinander getrennt erscheinen, sondern als ‚zwei Seiten derselben Sache' erkannt werden, die einander bedingen und voraussetzen. (...) Grundvoraussetzung für eine gelungene Ausbildung in der professionellen Praxis der sozialen Arbeit ist die Motivation von Fachschule und Praxis, die Ausbildung des zukünftigen Berufsnachwuchses in gemeinsamer Verantwortung wahrnehmen zu wollen. Beide Seiten müssen sich über die grundsätzlichen Ausbildungsziele und Kriterien für die Überprüfung ihrer Realisierung verständigen. Dies schließt die gemeinsame Klärung der Frage nach Rahmenbedingungen, Voraussetzungen und Ressourcen ein, die notwendig sind, um die erfolgreiche Realisierung der Ausbildungsziele gewährleisten zu können. Dieses gilt insbesondere für die Einhaltung verbindlicher Regelungen wie Ausbildungsverträge und Praktikumsordnungen. Darüber hinaus bedarf es auch der Forderung an die Praxis, geeignete Praktikumsplätze zur Verfügung zu stellen, die zu überprüfen und anzuerkennen sind" (DBSH 2003, S. 9).

Das gilt in gleichem Maße auch für Fachschulen. In manchen Bundesländern haben die Bildungsbehörden auf die Bedeutung der Zusammenarbeit bereits eine Antwort gefunden und eine Lernortkooperation vorgeschrieben, damit die Zusammenarbeit Schule/Praxis gewährleistet ist.

Und auch auf der politischen Ebene hat sich etwas getan: Die Jugendministerkonferenz hat am 18./19. Mai 2001 in Weimar festgestellt, dass die Sicherstellung der Qualifikation künftiger Erziehungskräfte nicht alleinige Aufgabe der schulischen Ausbildungsstätten ist, sondern dass die Kinder- und Jugendhilfe in den praktischen Ausbildungsabschnitten unmittelbar dazu beitragen muss, die Qualifizierungsziele und -inhalte zu erreichen. In Anerkennung dieser Verantwortung haben die Jugendministerinnen und Jugendminister der Länder zu den Arbeitsfeldern, Aufgabenprofilen und Qualifikationsanforderungen der Erzieherinnen eine Analyse erstellen lassen und diese der Kultusministerkonferenz für die Neufassung der Rahmenvereinbarung über die Ausbildung und die Prüfung von Erzieherinnen zur Verfügung gestellt: „Die mit der neuen Rahmenvereinbarung festgeschriebene gemeinsame Verantwortung von Schule und Praxis für die Ausbildung von Erzieherinnen und Erziehern kann nur dann verantwortungsvoll wahrgenommen werden, wenn die strikte Zweiteilung der Ausbildung, bei der theoretisches Wissen nur in der Schule und praktische Erfahrungen nur in der Praxis vermittelt werden, zugunsten eines sich ergänzenden Miteinanders überwunden und eine Neubestimmung des Verhältnisses der Lernorte Schule und Praxis vorgenommen wird. Dies gilt es auch bei der Umsetzung der neuen Rahmenvereinbarung in Ausbildungs- und Prüfungsordnungen auf Länderebene zu berücksichtigen. Um die Wahrnehmung der gemeinsamen Verantwortung von Schule und Praxis für die Ausbildung von Erzieherinnen und Erziehern zu gewährleisten, ist es erforderlich, dass der Dialog zwischen Kultus- und Oberster Landesjugendbehörde, als ein Vertreter der Abnehmerseite der Kinder- und Jugendhilfe, auf Länderebene fortgesetzt wird. Vor dem Hintergrund der Komplexität der Jugendhilfepraxis sowie angesichts der zu bewältigenden neuen Anforderungen muss sich von einem zu eng gefassten Aufgaben- und Zuständigkeitsdenken gelöst werden. Die Umsetzung der neuen Rahmenvereinbarung in Ausbildungs- und Prüfungsordnungen sollte deshalb in partnerschaftlicher Zusammenarbeit von Kultusseite und der Seite der Obersten Landesjugendbehörden erfolgen" (Jugendministerkonferenz 2001 in: Kindergartenpädagogik online – Handbuch „Lernort Praxis" in der Ausbildung der Erzieherinnen und Erzieher, S. 1).

Der Paritätische Wohlfahrtsverband Hamburg hat mit seiner Planung bereits einen Vorstoß gemacht und beschreibt seine Aufgabe folgendermaßen:

Offen, tolerant, sozial.

DER PARITÄTISCHE
HAMBURG

Handlungsfeld Berufswahlorientierung

- Verankerung von Praktika und Hospitationen in Kitas / Kooperation mit Schulen
- Projekte mit Schulen (z.B. Schüler als Lesepaten in Kitas)
- Informations- und Berufswahlorientierungs-angebote für Schüler
- Fortbildungen zu geschlechtersensibler Berufsberatung
- Vermittlung eines „modernen Berufsbildes"

Der PARITÄTISCHE Wohlfahrtsverband Hamburg e.V. Wandsbeker Chaussee 8 / 22089 Hamburg / www.paritaet-hamburg.de

Grundsätze bei der Ausbildung

Die Obersten Landesjugendbehörden empfehlen, folgende Grundsätze bei der Ausbildung von Erzieherinnen zu berücksichtigen:

■ „Aus der Sicht der Obersten Landesjugendbehörden brauchen die Erzieherinnen und Erzieher, die zukünftig fähig sein sollen die Praxis zu gestalten, Erfahrungen sowohl aus dem ‚Lernort Schule' als auch aus dem ‚Lernort Praxis'. Die Kompetenzen, die die Erzieherinnen und Erzieher in der Praxis brauchen, können keineswegs alle in der fachschulischen Ausbildung angemessen erworben werden. Wichtige Lernerfahrungen brauchen den ‚Lernort Praxis'. Umgekehrt sind für eine nicht nur auf passive Anpassung abzielende Ausbildung Erfahrungen im ‚Lernort Schule' unabdingbar.

■ Für die Praxis bedeutet das, will sie sich dauerhaft als ein unverzichtbarer Partner in den Prozess der Weiterentwicklung der Ausbildung von Erzieherinnen und Erziehern einbringen, dass sie sich selbst zunehmend als ein Lernort begreift, der eine differenzierte Auseinandersetzung mit den am ‚Lernort Schule' erworbenen Kenntnissen in konkreten Handlungssituationen ermöglicht und sich dafür qualifiziert. Für den ‚Lernort Schule' hingegen heißt das, die Praxis als einen Lernort wahrzunehmen, der für die Überprüfung der vorwiegend theoriegeleiteten Bearbeitung praxisnaher Fragestellungen unverzichtbar ist und anerkennt, dass der Erwerb beruflicher Handlungskompetenz nur in sinnstiftenden und praxisbezogenen Kontexten möglich ist.

■ Im Rahmen der Ausbildung von Erzieherinnen und Erziehern entspricht der ‚Lernort Praxis' dem Einsatzfeld dieser Berufsgruppe. Als vorrangiges Einsatzfeld gilt der gesamte Bereich der Kinder- und Jugendhilfe mit den Arbeitsfeldern Kindertagesbetreuung, Hilfen zur Erziehung und Jugendarbeit / Jugendsozialarbeit / erzieherischer Kinder- und Jugendschutz. Die praktischen Erfahrungsräume für die Schülerinnen und Schüler sind die Praxisstellen, die aus den Einrichtungen und Diensten dieser Arbeitsfelder als geeignet ausgewählt wurden. Sie bilden den ‚Lernort Praxis' im Rahmen der Ausbildung.

■ Der ‚Lernort Praxis' trägt eine große Verantwortung für die Umsetzung der im ‚Lernort Schule' erworbenen Kenntnisse. Darüber hinaus soll er den Schülerinnen und Schülern persönliche und professionelle Sicherheit und Stabilität vermitteln sowie zentrale Schlüsselkompetenzen stärken. Als geeignet ausgewählte Praxisstellen sind unverzichtbar für die Realisierung der Ziele der Ausbildung. Sie sind durch ihren jeweiligen Aufgabenbereich, ihre Zielgruppe und auf Grund des pädagogischen Konzeptes in der Lage, insbesondere folgende Lernerfahrungen zu ermöglichen oder zu vermitteln:

– Umsetzung ganzheitlicher Arbeitsansätze, die der Komplexität der Jugendhilfepraxis Rechnung tragen;
– Umsetzung der erlernten interdisziplinären Arbeitsformen, der verschiedenen Konzepte, Methoden und Medien der sozialpädagogischen Arbeit in den pädagogischen Tagesablauf;
– praktische Gestaltung der Arbeit mit Kindern und Jugendlichen, Erwachsenen, Institutionen und Einrichtungen;
– nachvollziehbare Konzeptionsentwicklung und Umsetzung im Hinblick auf die betroffene Zielgruppe und die Besonderheiten des Umfeldes sowie eine entsprechende Angebotsgestaltung;
– Sicherheit bei der Beobachtung, dem Erkennen des Entwicklungsstandes des Kindes/ Jugendlichen, bei der Analyse der Situation, Lebenswirklichkeit und Umfeld des Kindes/ Jugendlichen, der angemessenen Handlungsweise;
– Einüben von planerischer, didaktischer, kommunikativer und diagnostischer Kompetenz;
– Kennenlernen von partizipativen Formen der innerbetrieblichen Organisation und der Partizipationsmodelle in der Arbeit mit den Kindern, Jugendlichen und Eltern;
– kritische Reflexion von Einstellungen, Haltungen, pädagogischen Zielen und Arbeitsformen im Team" (Quelle: http://www. kindergartenpaedagogik.de/463.html).

Rahmenbedingungen für die Ausbildung

Aus der Sicht der Obersten Landesjugendbehörden sind für die Neubestimmung des Verhältnisses der Lernorte Schule und Praxis als Voraussetzung für die Wahrnehmung der gemeinsamen Verantwortung bestimmte Rahmenbedingungen erforderlich, die bei der Umsetzung der neuen Rahmenvereinbarung in Ausbildungs- und Prüfungsordnungen auf Länderebene berücksichtigt werden sollten:

■ „Unabhängig davon, ob die Ausbildung ein- oder zweiphasig ist, ist sie nicht alleinige Aufgabe der schulischen Ausbildungsstätten. Die Obersten Landesjugendbehörden stehen mit in der Verantwortung, für die Sicherstellung der Qualifikation in der gesamten Ausbildung zu sorgen. Die Ausbildung ist ein gemeinsames Anliegen sowohl der Obersten Schulaufsicht als auch der Obersten Landesjugendbehörden.

■ Um die Wahrnehmung der gemeinsamen Verantwortung von Schule und Praxis zu gewährleisten, sollten in den Ausbildungs- und Prüfungsordnungen der Länder fest verankerte Strukturen geschaffen werden, die den beständigen Austausch und wechselseitigen Bezug zwischen den Lernorten gewährleisten. Die Einrichtung eines Beirates am ‚Lernort Schule', der – wie im Land Hessen – aus Lehrkräften der Schule und berufserfahrenen sozialpädagogischen Fachkräften, die die Kinder- und Jugendhilfe selbst benennt, zusammengesetzt und in der Ausbildungsverordnung verpflichtend vorgeschrieben ist, erscheint als eine geeignete Möglichkeit. Dabei sollte seitens der Kinder- und Jugendhilfe darauf geachtet werden, dass alle Arbeitsfelder entsprechend vertreten sind.

■ In den Ländern sollten Rahmenbedingungen geschaffen werden, die die Entwicklung eines Curriculums erlauben, das die Lernorte ‚Schule' und ‚Praxis' im Grundsatz als gleichwertig anerkennt und ihre gemeinsame Verantwortung für die Ausbildung von Schlüsselqualifikationen für die pädagogische Arbeit angehender Erzieherinnen und Erzieher unterstützt.

■ Zur Vertiefung des gegenseitigen Verständnisses sollten gemeinsame Fortbildungen von den am ‚Lernort Schule' tätigen Lehrkräften und den in die Ausbildung einbezogenen Vertreterinnen und Vertretern des ‚Lernortes Praxis' vereinbart werden.

■ Die Ausbildung zur staatlichen anerkannten Erzieherin/zum staatlich anerkannten Erzieher ist als Breitbandausbildung konzipiert. Ausgehend von dem Berufsbild von Erzieherinnen und Erziehern können diese in den klassischen Arbeitsfeldern der Kinder- und Jugendhilfe: Kindertagesbetreuung, Hilfen zur Erziehung und Jugendarbeit / Jugendsozialarbeit / erzieherischer Kinder- und Jugendschutz, aber auch in Arbeitsfeldern außerhalb der Kinder- und Jugendhilfe zum Einsatz kommen. Solche Arbeitsfelder ergeben sich in der Kindertagesbetreuung in den Kindertageseinrichtungen – Krippe, Kindergarten, Hort –, bei den Hilfen zur Erziehung in der sozialen Gruppenarbeit, sozialpädagogischen Familienhilfe, Erziehung in einer Tagesgruppe, Heimerziehung, sonstige betreute Wohnformen, sozialpädagogischen Einzelbetreuung, Inobhutnahme und der Frühförderung. In der Jugendarbeit geht es um Tätigkeiten in Jugendfreizeiteinrichtungen, Kinder- und Jugendprojekten und sozialpädagogisch betreuten Spielplätzen. Zu den Arbeitsbereichen der Jugendsozialarbeit zählen die Schulsozialarbeit, die berufspädagogischen Ausbildungsangebote und die Betreuungstätigkeiten in Jugend- und Lehrlingswohnheimen, sowie für ausländische Jugendliche. In dem Arbeitsbereich des erzieherischen Kinder- und Jugendschutzes geht es um Maßnahmen zur Prävention vor Sucht und Gewalt, um Verkehrserziehung, Medienschutz und Medienkompetenzvermittlung. Arbeitsbereiche und Einrichtungen außerhalb der Jugendhilfe können sein: Eingliederungshilfe nach BSHG, z. B. Werkstätten für Behinderte oder Heime für geistig und/oder körperlich behinderte Kinder und Jugendliche, aber auch Kinderkrankenhäuser, Förderschulen, Sonderschulinternate und Frauenhäuser. In den Ausbildungs- und Prüfungsordnungen der Länder sollte sichergestellt werden, dass die Schülerinnen und Schüler während ihrer gesamten Ausbildung praktische Fähigkeiten (Kenntnisse und Fertigkeiten) in mindestens zwei der genannten klassischen Arbeitsfelder erwerben können.

In den Ausbildungs- und Prüfungsordnungen der Länder sollte sichergestellt werden, dass der Erwerb praktischer Fähigkeiten am ‚Lernort Praxis' gleichermaßen relevant für den erfolgreichen Abschluss der Ausbildung ist wie der Erwerb von Kenntnissen am ‚Lernort Schule'. In diesem Zusammenhang sollte auch sichergestellt werden, dass ein Vertreter/eine Vertreterin des ‚Lernortes Praxis' als Mitglied in den Prüfungsausschuss gewählt wird" (Jugendministerkonferenz in Weimar am 17./18. Mai 2001 in: http://www.brandenburg.de/land/ mbjs/jugend/52beruf2.htm).

Zielsetzungen und Aufgaben einer Lernortkooperation

Die Lernortkooperation fördert durch regelmäßige Absprachen und eine kontinuierliche Zusammenarbeit die Qualität der Ausbildung in Theorie und Praxis. Sie entwickelt die Ausbildungsqualität laufend weiter und tauscht sich über diese aus. Die an der Lernortkooperation beteiligten Personen treffen einvernehmlich Vereinbarungen, Absprachen und Empfehlungen. Sie entwickeln verbindliche Standards für die Ausbildung und tragen so zur Professionalisierung der künftigen Erziehungskräfte bei und qualifizieren sich selbst als Ausbildungseinrichtung. In Ausschüssen können besondere Themen der Ausbildung bearbeitet werden.

„Eine professionelle Erzieherin sollte verstehen, warum sie in bestimmten Situationen auf bestimmte Art und Weise reagiert. Sie sollte wissen, dass sie bei bestimmten Themen Schwierigkeiten hat, objektiv zu bleiben, sie sollte die Grenzen ihres eigenen Handelns kennen und sollte sich in diesen Situationen Hilfe holen. Professionelles Handeln bezieht immer auch das Wissen um die eigenen Grenzen und die Fähigkeit der Einforderung von Unterstützung mit ein. Ein wichtiger Punkt des professionellen Handelns ist die Reflexionsarbeit. Erzieherinnen sollen grundsätzlich den Anspruch haben, ihr eigenes Handeln kritisch zu hinterfragen und zu reflektieren. Waren die Handlungen adäquat? Aus welchen Gründen hat sich eine Situation in eine bestimmte Richtung entwickelt? War das Handeln bewusst oder intuitiv?

Dies beinhaltet keineswegs sich auf Situationen zu beschränken, in denen man nicht Herr der Lage war. Im Gegenteil ist die Auseinandersetzung mit gelungenen Situationen oft fruchtbringender, da man in späteren Situationen wieder besser eine gelungene Situation nachahmen kann und einen Zuwachs an professioneller Kompetenz erfährt" (Niedersächsisches Institut für frühkindliche Bildung und Entwicklung in: http://www.nifbe.de/pages/posts/positionspapier-professionalisierung 179.php).

Die Akteure der Lernortkooperation sollen

▦ dazu beitragen, dass praktisches Handeln und theoretische Reflexion miteinander verknüpft werden,
▦ eine Plattform schaffen, auf der kooperativ zusammengearbeitet wird, um die Qualität von Ausbildung zu beschreiben und zu verbessern,
▦ an der Weiterentwicklung der Ausbildungsinhalte und der Ausbildungsqualität mitwirken,
▦ schulisches Wissen und fachpraktisches Wissen miteinander verknüpfen und nutzbar machen,
▦ die Ausbildungsinhalte zwischen Einrichtung und Fachschule abstimmen,
▦ Ausbildungsfragen systematisch und lernortübergreifend beantworten,
▦ dual-kooperative Lernformen entwickeln und erproben,
▦ Vorlagen für Ausbildungspläne entwickeln, gemeinsam an der Entwicklung von Bildungsempfehlungen, Lehrplänen etc. mitwirken,
▦ beratende Tätigkeiten in allen, das Praktikum betreffenden Belangen ausüben (Qualifizierung der Praxisbegleiterinnen, Freistellungsstunden für Beratung, Finanzierung des Praktikums, schulische Anforderungen),
▦ Vereinbarungen über die Zusammenarbeit treffen,
▦ Verantwortlichkeiten festlegen,
▦ Beurteilungskriterien für die unterschiedlichen Ausbildungsgänge und die verschiedenen Ausbildungsphasen entwickeln,

▦ die Kooperation im Stadtteil zwischen den an der Ausbildung beteiligten Akteuren institutionalisieren und sichern,
▦ Evaluationsinstrumente entwickeln und zur Verfügung stellen, um die fachpraktische Ausbildung auf dieser Grundlage ständig weiterentwickeln zu können.

Die Potenziale beider Institutionen können auf diese Weise besser ausgeschöpft und die jeweils spezifischen Kompetenzen zum Wohle der Praktikantinnen genutzt werden. Schule profitiert von der Vernetzung mit der Praxis, weil die Ausbildungsqualität durch entsprechende Reflexionsgespräche sofort überprüft werden kann.

Intensive und konkrete Vernetzung am Beispiel der Fachschule für Sozialpädagogik des Erzbistums Köln

Am Beispiel der Fachschule für Sozialpädagogik des Erzbistums Köln wird eine solch intensive und konkrete Vernetzung deutlich:

Definition im Schulprogramm: Die Zusammenarbeit mit der Praxis basiert auf Wertschätzung und kollegialem Austausch. Auf diese Weise wird die Schule ihrer Verantwortung für eine qualifizierte Ausbildung und der Weiterentwicklung der Berufsfelder gerecht. Der fachliche Austausch zwischen den Lernorten Schule und Praxis findet insbesondere im Rahmen von Ausbildungsbegleiterinnentreffen und pädagogischen Fachveranstaltungen statt.

Teilkonzeption: Die Umsetzung des oben angeführten Programms wird insbesondere durch folgende Leistungen und Prozesse gesichert (s. S. 26)

AUFGABEN DER FACHSCHULE

Die Fachschule vermittelt erste Kenntnisse über das gewählte Arbeitsfeld (Organisation der Tageseinrichtung, rechtliche und konzeptionelle Grundlagen, Systemkenntnisse und -zusammenhänge in Bezug auf das Umfeld der Einrichtung, Aufgaben, Funktionen und Rollen der Mitarbeiterinnen in einer Einrichtung, Beobachtungsverfahren, Dokumentationsverfahren etc.). Sie befähigt die Studierenden dazu, Grundkenntnisse des in der Schule erworbenen Wissens mit den Anforderungen der Praxis zu vernetzen.

Die Fachschule berät die zukünftigen Praktikantinnen bei der Auswahl der Praxisstelle. Sie sichert die individuelle Begleitung der Praktikantinnen und sorgt für regelmäßige Auswertungsgespräche in Form von kollegialer Beratung, Coaching, Einzel- oder Gruppenberatung.

Die Fachschule stellt sicher, dass Besuchstermine frühzeitig terminiert und konsequent eingehalten werden. Gespräche werden protokolliert und von allen Beteiligten gegengezeichnet.

AUFGABEN DER EINRICHTUNG

Die Einrichtung vermittelt Grundkenntnisse über Größe, Struktur und Schwerpunktsetzung des pädagogischen Konzeptes. Gemeinsam werden Ausbildungsziele festgelegt.

Die Einrichtung vermittelt wichtige Regeln in Bezug auf Tagesablauf, Hausregeln, zum Umgang mit vertraulichen Informationen, zu Arbeits- und Pausenzeiten etc.

Die Einrichtung bietet ein Klima der Wertschätzung, der Professionalität und der Unterstützung von Lern- und Reflexionsprozessen (vgl. HIBB 2009).

Die Einrichtung bietet Einsicht in Beobachtungsverfahren.

Sie liefert eine Auswertung und Bewertung des Praktikums.

AUFGABEN DER PRAKTIKANTIN

- Anfertigung einer Lerndokumentation
- Überprüfung der Berufswahl
- Erste Erfahrungen mit Teamarbeit
- Orientierung im Arbeitsfeld
- Selbsteinschätzung
- Auseinandersetzung mit dem Einrichtungskonzept
- Erkennen der kindlichen Bedürfnisse
- Laufende Weiterentwicklung der Reflexionsfähigkeit
- Beobachtungsverfahren kennenlernen und anwenden.

„1. Auswahlverfahren

Aussagekräftige Informationsmaterialien informieren die Bewerber/innen eingehend über die konkreten Anforderungen, die heutige gute Praxis an zukünftige Mitarbeiter/innen stellt. (...)

2. Maßnahmen zur Bereitstellung qualifizierter Praxisstellen

Folgende Maßnahmen dienen der Sicherung des Vorhandenseins qualifizierter Praktikumsstellen:

- Es liegen klare Kriterien für gute Praxisstellen vor.
- Ein Programm zu Gewinn und Erhalt qualifizierter Praxisstellen existiert.
- Neu sich anbietende Praxisstellen erhalten konkrete Hilfestellungen.
- Regelmäßige Maßnahmen zur Sicherung der Qualität der Praxisanleitung werden durchgeführt.
- Die gemeinsame Auswertung der Praktika gibt den Praktikumsstellen ein klares Feedback.

3. Differenzierte Vorbereitung und Durchführung einzelner Praktika

- Die jeweilige Zielsetzung und Aufgabenstellung in den einzelnen Praktika sind klar benannt.
- Es gibt Orientierungs-, Erprobungs- und Professionalisierungspraktika. (...)

4. Praktikumsbesuche

- Regelmäßige Praktikumsbesuche geben den Studierenden Feedback über Lernfortschritte und sichern die Kooperation mit der Praxis.
- Es werden Entwicklungs-, Bewertungs- und Beratungsgespräche durchgeführt.
- Die einzelnen Besuche werden ausführlich dokumentiert.

5. Vorbereitung, Durchführung und Auswertung der Praxisaufgaben

- Für jedes Praktikum stehen gemeinsam mit der Praxis entwickelte, geeignete Praxisaufgaben zur Verfügung.
- Die einzelnen Praxisaufgabenstellungen werden im Unterricht vorgestellt und ausführlich thematisiert.

- Die Durchführung der Praxisaufgaben wird durch die Praxisanleiter/innen unterstützt und in den einzelnen Praxisbesuchen reflektiert.

6. Auswertung und Bewertung der Praktika

- Am Ende eines jeden Praktikums erfolgt eine Auswertung im Klassenverband mit dem Klassenteam.
- Die Bewertung des Praktikums ist an klaren Kriterien orientiert und erfolgt in schriftlicher Form durch die Praxisbetreuer/innen.

7. Evaluation/Qualitätssicherung

Die Sicherung der Qualität des Lernortes Praxis erfolgt

- durch regelmäßige Befragungen der Studierenden und Praxisanleiter/innen,
- Auswertung der verschiedenen Dokumentationen,
- kollegiale Beratung im Rahmen des Klassenteams,
- kollegiales Feedback" (Müller-Neuendorf 2005, S. 37).

1.6 Beweggründe für den Einsatz von Praktikantinnen

Der wichtigste Grund, sich an der fachpraktischen Ausbildung zu beteiligen, ist sicher der Wunsch, eine hohe Qualität der Ausbildung zu sichern. Wer möchte nicht heute und in Zukunft von kompetenten Kolleginnen umgeben sein? Da lohnt es sich, Zeit und Kraft zu investieren. Leider gelingt dieser Prozess nicht immer so reibungslos.

Manche Träger zum Beispiel setzen Praktikantinnen als „Springerinnen" oder gar als billige Zweitkräfte ein. Sie ersetzen dann schon im Orientierungspraktikum erkrankte Kolleginnen und haben wenig Gelegenheit, sich einzuarbeiten. Stellen Sie sich bitte einmal vor, ein Friseurlehrling im ersten Lehrjahr würde Ihnen die Haare schneiden. Das ist sicher nicht gewünscht und in keinem Ausbildungsbetrieb vorgesehen. Aber die Praktikantin in der Kita soll gleich Leistungen wie eine ausgebildete Kraft erbringen und sofort mit den Kindern arbeiten? Solch ein Vorgehen ist nicht nachvollziehbar und leistet eher der Demotivation Vorschub.

In der freien Wirtschaft gilt der Satz: „Mitarbeiter/innen sind unser wichtigstes Kapital." Diese Aussage sollte auch auf den Umgang mit Praktikantinnen in der Kita zutreffen. Schön wäre es, wenn dem Einsatz von Praktikantinnen folgende Motive zugrunde lägen:

- Ihre Einrichtung arbeitet vorbildlich, hat den Status einer Ausbildungseinrichtung und ist deswegen qualifiziert, Studierende fachpraktisch auszubilden.
- Bei Ihnen arbeiten Mitarbeiterinnen mit hoher Selbst-, Sozial-, Methoden-, Fach- und Beratungskompetenz, die ihr Wissen unbedingt an Praktikantinnen weitergeben sollten.
- Sie sehen für die Zukunft einen hohen Personalbedarf und möchten an der Ausbildung künftiger Kolleginnen teilhaben und künftige Fachkräfte im Rahmen Ihres Personalentwicklungskonzeptes rekrutieren.
- Sie möchten durch eine erstklassige fachpraktische Ausbildung der Praktikantinnen die Qualität Ihrer Arbeit sichern.
- Sie betrachten die Zusammenarbeit mit einer Praktikantin als Korrektiv und freuen sich über deren Feedback.
- Sie bekommen Anregungen für die eigene Arbeit und sind fachlich immer auf dem neuesten Stand.
- Sie profitieren von der Zusammenarbeit mit der Fachschule und regen gemeinsame Fachveranstaltungen an.

1.6.1 Erwartungen an die Praktikantin

Häufig werden an Praktikantinnen sehr hohe Erwartungen gestellt. Kurt Weber und Mathias Herrmann, die sich mit Praxisbegleitung und Konzeptentwicklung in Kindertagesstätten auseinandergesetzt haben, haben im Rahmen von Fortbildungen Praxisbegleiterinnen zu ihren Erwartungen befragt und sind zu folgendem Ergebnis gekommen:

Erwartungen an die Praktikantin

Mit anderen Institutionen kooperieren können · Ziele formulieren · Gesamtüberblick bekommen · Fähigkeit zur Teamarbeit · Elternarbeit und Elterngespräche · Eigene Meinung begründen können · Selbstständiges Arbeiten · Mut zur Entscheidung · Mit der Gesamtgruppe der Kinder arbeiten können · Verantwortung übernehmen · Verschiedene pädagogische Handlungsweisen kennen und einsetzen können · Einblick in alle Arbeitsbereiche erhalten · Jahresarbeit selbst erarbeiten können · Sich in andere hineinversetzen können · Fähigkeit zur Selbstreflexion · Durchsetzungsvermögen · Beobachtungen machen und diese auswerten können · Offen und ehrlich sein · Freispielleitung · Zusammenarbeit mit dem Träger · Flexibel sein · Guten Kontakt zu den Kindern haben · Engagement und Initiative · Verantwortung in allen Bereichen · Neue Ideen und Kreativität einbringen · Sich der Vorbildfunktion bewusst sein · Beschäftigungen selbstständig durchführen · Mit der Schule kooperieren · Regeln einhalten · Theorie in die Praxis umsetzen können · Verwaltungsaufgaben erledigen können · Die pädagogische Arbeit vertreten und begründen können · Fachberatung in Anspruch nehmen · Kompromisse eingehen können · Beteiligung am Gemeinwesen · Für Neues offen sein · Zeit sinnvoll einteilen können · Zuverlässigkeit · Eigenen Stil finden

Bevor Sie weiterlesen, überprüfen Sie nun die Wirkung !

Aus Weber/Herrmann 2004, S. 10)

Überprüfen Sie bitte doch zunächst einmal, ob Sie selbst diesen Erwartungen entsprechen können. Wahrscheinlich eher nicht... Und weil das allgemein so ist, wird auch deutlich, dass diese Erwartungen in ihrer ganzen Fülle nicht an eine lernende Person gestellt werden können: „Erwarten Sie niemals mehr von der Praktikantin, als Sie sich selbst zutrauen und abverlangen würden" (Weber/Herrmann 2004, S.11).

Diese Überlegungen schließen jedoch mit Sicherheit nicht aus, dass Sie bereits von Praktikantinnen ein gewisses Maß an Fähigkeiten erwarten können in Bezug auf:

- Selbstständigkeit
- Kommunikationsfähigkeit
- Kooperationsfähigkeit
- Verantwortungsbewusstsein
- Reflexionsfähigkeit und
- Fachwissen.

Von einer Praktikantin in der Erzieherinnenausbildung eher mehr, von der Praktikantin aus der Berufsfachschule vielleicht etwas weniger.

Wenn Sie sich den Lehrplan/das Curriculum der Fachschule/Berufsfachschule geben lassen, werden Sie erfahren, welches Fachwissen Sie voraussetzen können. Ihre Erwartungen an die Sozial-, Methoden- und Selbstkompetenz der Studierenden sollten Sie im Team klären und der Praktikantin klar mitteilen. Die Lehrpläne der Schulen können Sie in der Regel im Internet abrufen.

1.6.2 An die eigenen Erfahrungen als Praktikantin anknüpfen

Wie ist es Ihnen damals im Praktikum ergangen? Hatten Sie eine kompetente Praxisbegleiterin? Hat diese Ihnen ihre Erwartungen mitgeteilt oder mussten Sie rätseln und ausprobieren? Über welche Fähigkeiten haben Sie als Praktikantin bereits verfügt? Welches Wissen haben Sie aus der Schule mitgebracht, was wollten Sie gerne in der Kita lernen? Und wie haben Sie Ihre Praxisbegleiterin davon in Kenntnis gesetzt? Hatten Sie ausreichend Möglichkeiten, Ihre Fähigkeiten unter Beweis zu stellen? Hat es ausreichend Lernmöglichkeiten gegeben und haben Sie hilfreiches Feedback erhalten?

Notieren Sie sich bitte Ihre Antworten zu den gerade genannten Fragen und entscheiden Sie dann, welche Erfahrungen für Ihren Umgang mit der Praktikantin als positiv einzuschätzen sind und welche Sie Ihrer Praktikantin gerne ersparen möchten. Halten Sie in diesem Zusammenhang auch fest, welche Fragestellungen Sie mit Ihrer Praktikantin erörtern möchten. Auch die Praktikantin wird Wünsche und Vorstellungen im Vorfeld entwickelt haben.

Blenden Sie auch Ihre eigenen Kindheitserfahrungen nicht aus. Auch Sie sind „erzogen" worden und bringen diese prägenden Erziehungserfahrungen in den Umgang mit Praktikantinnen ein. Ihr Handeln wird durch eine Menge an Erfahrungen bestimmt, die auch Ihren persönlichen Umgangsstil mit der Praktikantin, Ihre gesellschaftlichen und politischen Einstellungen und das Bild prägen, das Sie von Menschen haben, die in der Hierarchie unter Ihnen stehen. Bitte überprüfen Sie einmal, wie sich Ihr Umgang mit einem männlichen Praktikanten von dem mit einer weiblichen Praktikantin unterscheidet. Was löst es in Ihnen aus, wenn die Praktikantin mit einem grünen Stachelhaarschopf und gepiercten Augenbrauen und Nasenflügeln zum Vorstellungsgespräch kommt?

1.6.3 Vom Umgang mit Nähe und Distanz

Entwickeln Sie zunächst einmal ganz bewusst Vorstellungen darüber, wie Sie mit dem Thema Nähe und Distanz umgehen wollen. Bei der Klärung dieser Frage kann Ihnen das Riemann-Modell (nach: Schulz von Thun: http://www.schulz-von-thun.de/mod-riemthom.html) helfen.

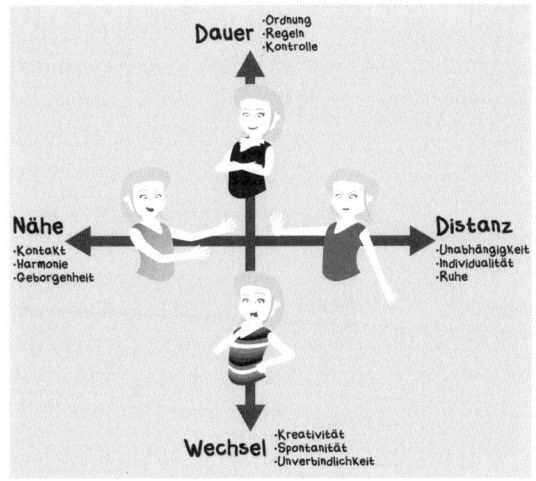

Ordnen Sie sich nun mithilfe dieses Modells ein: Wo setzen Sie zwischen den Koordinaten Ihr Kreuz? Ist diese Einordnung angemessen für den Umgang mit Ihrer Praktikantin? Denken Sie daran, dass Sie eine berufliche Beziehung eingehen und keine Freundin oder Ersatzmama werden sollen. Denken Sie daran, dass Sie bewerten und vielleicht sogar Noten geben müssen. Geht das noch, wenn Sie viel Nähe entwickelt haben?

Diskutieren Sie diese Fragestellung auch mit der Praktikantin. Wie geht sie mit Nähe und Distanz in Bezug auf die Kinder um?

Nach Riemann (1975) und Thomann (1988) lassen sich vier verschiedene menschliche Grundausrichtungen beobachten:

- das Bedürfnis nach Nähe (z. B. zwischenmenschlicher Kontakt, Harmonie, Geborgenheit)
- das Bedürfnis nach Distanz (z. B. Unabhängigkeit, Ruhe, Individualität)
- das Bedürfnis nach Dauer (z. B. Ordnung, Regelmäßigkeiten, Kontrolle)
- das Bedürfnis nach Wechsel (z. B. Abwechslung, Spontaneität, Kreativität).

Auch die Praktikantin kann sich anhand dieses Modells selbst einschätzen. Vergleichen Sie die Grundausrichtungen und nutzen Sie den Vergleich für eine Diskussion. Vielleicht hilft Ihnen das auch dabei, die Beziehung zu klären und Erwartungen zu formulieren.

„Im Bereich der Jugendhilfe herrscht häufig ein sehr freundliches, zugewandtes und offenes Arbeitsklima. Man spricht sich über alle Hierarchieebenen mit ‚Du' an und die Mythen ‚Wir sind alle gleichberechtigt', ‚Jeder trägt im gleichen Maße Verantwortung', ‚Wir sind alle Freunde', ‚Hier gibt es keine Konkurrenz' stimmen häufig nur an der Oberfläche. Es gibt gerade in sozialen Organisationen viele ungeschriebene Gesetze und es fehlen klare Regeln und Vereinbarungen. Viele Pädagogen unterschätzen oder ‚verdrängen' in ihrer Arbeit die Bedeutung von Führung und das Beharrungsvermögen ihrer Organisation. (...) Da ‚Kommunikation' ihr wichtigstes Medium ist, gehen sie häufig von einer Offenheit und Herrschaftsfreiheit in den beruflichen Situationen und Organisationen aus. Sie verlassen sich lieber auf ungeschriebene Regeln, als auf klare Abmachungen und Vereinbarungen" (Beck/Schwarz 1997, S. 23).

Gelingen kann das Praktikum nur, wenn der Praktikantin bewusst wird, wie sie mit Nähe und Distanz umgeht, welche Erwartungen die Praxisbegleiterin an sie hat, und welche Regeln es dazu gibt (auch die heimlichen). Nur wenn die Praktikantin das weiß, kann sie ihr Handeln entsprechend ausbalancieren. Die Anforderungen der

29

Einrichtung können durchaus divergent sein. Zum Beispiel: Einerseits wird ein hohes Maß an Eigenverantwortung und Selbstbestimmung gewünscht, andererseits aber auch Anpassung und unaufgefordert auch Kooperation und ständige Absprache.

Der Praktikantin ist zu vermitteln, dass eine zu intensive Bindung an Kinder und Kolleginnen gleich zu Beginn des Praktikums die Ablösung am Ende beeinträchtigt. Sie muss lernen, das Verhältnis zwischen Nähe und Distanz auszubalancieren. Es gilt immer zu bedenken, dass die Praktikantin nur vorübergehend in der Einrichtung ist und nach kurzer Zeit wieder Abschied nehmen wird. Es ist kein Erfolg, wenn die Kinder beim Abschied der Praktikantin weinen.

„Ein weiterer Aspekt, der stets reflektiert werden sollte, ist der der ‚mütterlichen‘ Betreuung. Erzieherinnen sind keine Ersatzmütter, sondern Bezugspersonen, die, wenn sie ihre Arbeit gut machen, diese verantwortungsvoll und sensibel gestalten und somit den Aufbau einer sicheren Bindung ermöglichen. Darin liegt ihre Professionalität. Sie müssen immer wieder die Balance zwischen professioneller Nähe und Distanz wahren. Die Erzieherin muss dem kleinen Kind natürlich Unterstützung und Betreuung bieten, doch darf sie es nicht abhängig machen. Wenn ihr das nicht gelingt, weckt sie beim Kind Bedürfnisse und Erwartungshaltungen, die sie nicht erfüllen kann. Solche Abhängigkeiten haben große Auswirkungen auf das Kind, wenn es die Einrichtung irgendwann verlassen muss" (Ostermayer 2008, S. 6).

1.7 Das Vorstellungsgespräch

Wer zu einem Vorstellungsgespräch eingeladen wird, hat Interesse geweckt, ist auf jeden Fall schon einmal in die engere Wahl gekommen.

Ein Vorstellungsgespräch bedeutet für die Studierende zunächst einmal Stress. Deswegen ist es sinnvoll, sich auf eine solche Situation vorzubereiten. Die angehende Praktikantin sollte

- sich ausführlich darüber informieren, um welche Einrichtung es sich handelt, und warum es ihr wichtig ist, dort ein Praktikum zu absolvieren,
- sich über das Konzept der Einrichtung informiert haben,
- das Umfeld einordnen können, in dem die Praxisstelle liegt,
- wissen, welche Anforderungen die Schule an sie und an die Einrichtung stellt,
- sich Gedanken über das eigene Outfit machen – es sollte authentisch sein, aber auch dem Arbeitsplatz entsprechen,
- ihre Stärken kennen und benennen können,
- formulieren können, was sie in der Kita lernen möchte.

Vorübung für angehende Praktikantinnen

Christine Weiß, die für die Gewerkschaft Erziehung und Wissenschaft einen Ratgeber geschrieben hat, schlägt eine Übung für Menschen, die in pädagogische Berufe einsteigen wollen, vor (2005, S. 38). Die ersten Fragen an sich selbst lauten:

- Was wollen Sie in einem Vorstellungsgespräch auf jeden Fall gesagt / gefragt / losgeworden haben?
- Welche fachlichen und sozialen Kompetenzen möchten Sie Ihrem Gegenüber auf jeden Fall klarmachen?

Meine Stärken:	Da gibt es noch Entwicklungsbedarf:	Mein Nachbar (meine Lehrkraft, meine Katze) würde das vermutlich so beschreiben:

Die folgende Fragen und Aufforderungen von Seiten der potenziellen Arbeitgeber, die nach einer kurzen Aufwärmphase formuliert werden könnten, sollten sehr gut vorbereitet werden:

- Warum wollen Sie genau bei uns ein Praktikum machen?
- Warum haben Sie sich beworben?
- Erzählen Sie bitte etwas über sich...
- Stellen Sie uns Ihren Werdegang in 5 (10, 15...) Minuten dar!
- Warum glauben Sie, dass Sie für ein Praktikum in unserer Einrichtung qualifiziert sind?
- Was wissen Sie über unsere Einrichtung?
- Warum sollten wir Sie als Praktikantin auswählen?
- Wie stellen Sie sich die Tätigkeit bei uns vor?
- Was bringen Sie an besonderen/sonstigen Kompetenzen und Fähigkeiten ein?
- Welchen Dingen widmen Sie sich neben ihrem beruflichen Werdegang?
- Welche Stärken haben Sie?
- Wo sehen Sie noch Entwicklungsbedarf?

Die Praktikantin kann üben, über ihre Stärken und ihre Entwicklungsmöglichkeiten nachzudenken. Dabei kann die obenstehende Tabelle helfen. Der Arbeitsbogen eignet sich auch als Reflexionsbogen für die Ausbildungsbegleitung.

Als Ausbildungsbegleiterin sollten Sie wissen, dass Sie nur Fragen stellen dürfen, die unmittelbar mit dem zu besetzenden Praktikumsplatz in Verbindung stehen. Fragen zu den persönlichen Lebensverhältnissen gehören nicht in ein Vorstellungsgespräch. Auch Fragen nach Partei-, Gewerkschafts- oder Religionszugehörigkeit sind nicht erlaubt. Ebensowenig dürfen Sie sich nach einer eventuellen Schwangerschaft oder einer HIV-Infektion erkundigen. Nur bei einem Tendenzbetrieb ist die Frage nach der Religionszugehörigkeit erlaubt. Ein Tendenzbetrieb ist ein Unternehmen mit überwiegend politischen, konfessionellen oder ähnlichen Zwecken (z. B. eine konfessionell geführte Kindertagesstätte)

31

Sie sollten auch dafür sorgen, dass das Gespräch in einer angenehmen Atmosphäre stattfindet, ein Getränk wie Mineralwasser bereitsteht, kein Telefon klingelt oder andere Störungen die Unterhaltung beeinträchtigen können.

Achten Sie bei dem Vorstellungsgespräch insbesondere darauf, wieviel Engagement und Motivation die Studierende zeigt, ob Sie gut vorbereitet ist, durch ihre Fragen Interesse und Neugier zeigt, sich ausdrücken und kommunizieren kann, über ein dem Ausbildungsstand entsprechendes Grundwissen verfügt und Lernbereitschaft zeigt. Vielleicht erwägen Sie auch, eine Entscheidung erst nach einer Hospitation zu treffen.

Wenn die Praktikantin kommt...

- Die Kita ist eine von der Fachschule anerkannte Einrichtung und beschäftigt eine Praxisbegleiterin mit entsprechender Ausbildung.
- Die Fachschule hat eine Stellenbeschreibung der Kita.
- Die Praktikantin bewirbt sich schriftlich.
- Ein Vorstellungsgespräch wird vereinbart.

Erzieherinnen auf der Couch:

"Jetzt fällt's mir ein! Schon als Kind wollte ich nie in den Kindergarten!"

- Leiterin, Ausbildungsbegleiterin und Praktikantin machen sich miteinander bekannt.
- Informationen werden ausgetauscht.
- Die Praktikantin übergibt schriftliche Informationen ihrer Fachschule und erläutert ihre Aufgaben.
- Arbeitsrechtliche Informationen werden geklärt.
- Eine Entscheidung wird herbeigeführt und der Praktikantin schriftlich mitgeteilt.
- Ein Vertrag zwischen Ausbildungsschule, Kita und Praktikantin wird abgeschlossen.
- Die Kinder werden auf die neue Praktikantin vorbereitet.
- Die Praktikantin wird gebeten, einen „Steckbrief" für das Schwarze Brett zur Information der Eltern und der Kolleginnen anzufertigen.

1.8 Das erste Treffen

Sie sind sich einig geworden, haben gemeinsam entschieden, ein Arbeitsverhältnis miteinander einzugehen. Nun sind Sie zu einem Planungsgespräch zusammengekommen. Dabei geht es um folgende Aspekte:

- Abklären der gegenseitigen Erwartungen
- Ziel- und Aufgabenklärung
- Rollenklärung
- Planung des Praktikums
- Ausbildungsvertrag
- Planung der Reflexionsgespräche.

1.8.1 Abklären der gegenseitigen Erwartungen

Sie haben sich über Ihre Erwartungen an das Praktikum bereits Gedanken gemacht. Dabei haben Sie sich sicherlich an dem Rahmenplan für die Standards der praktischen Ausbildung der Erzieherinnen/Sozialpädagogischen Assistentinnen, soweit sie von den Fachschulen vorliegen, orientiert.

Das erste Praktikum dient der Orientierung. Die Praktikantin lernt die Einrichtung, die Kolleginnen und die Kinder kennen. Sie muss wissen, wieviel Eigenständigkeit sie dabei entwickeln darf und welche Regeln es dabei zu beachten gilt.

Am besten wäre es, wenn Sie so etwas wie ein „Handbuch für neue Mitarbeiterinnen" hätten. Darin ist dann genau beschrieben, welche Regeln im Hause gelten, wer welche Aufgaben hat, wo was zu finden ist (z. B. Erste-Hilfe-Koffer, Einsatzplanung der Mitarbeiterinnen, Frühdienste, Telefonnummern). Die Praktikantin muss wissen, welche regelmäßig wiederkehrenden Aufgaben von ihr erwartet werden. Dazu gehören zum Beispiel die Vorbereitung einer Mahlzeit, Beaufsichtigung der Kinder im Außengelände, Hilfestellung beim An- und Auskleiden.

Weitere mögliche Erwartungen der Ausbildungsbegleiterin an die Praktikantin, die möglichst schriftlich zu fixieren sind, könnten unter anderem sein:

- Ein hohes Maß an Aufmerksamkeit und damit verbunden die Übernahme von täglich anfallenden Aufgaben (Tische abwischen, bestimmte Bereiche in Ordnung halten etc.)
- Freundliches Auftreten (Begrüßungsrituale)
- Aufmerksames Beobachten und Notieren der Beobachtungen, um diese als Gesprächsanlass zu nutzen
- Fragen stellen
- Sich an das Verschwiegenheitsgebot halten
- Kritische Situationen ansprechen und nicht im Alleingang lösen

- Sich an die Abläufe und Regeln der Einrichtung halten
- Pünktlich sein
- Fehlzeiten rechtzeitig melden
- Auf Beteiligung der Kinder achten
- Freiwillige Teilnahme an Fortbildungs- und anderen Veranstaltungen.

Sagen Sie der Praktikantin auch, wo Sie Grenzen setzen. Die Praktikantin sollte zum Beispiel

- keine Elterngespräche führen,
- keine Angebote ohne Rücksprache anbieten,
- nicht über Eltern und Kolleginnen in deren Abwesenheit reden,
- Eltern nicht mit „Du" anreden.

1.8.2 Ziel- und Aufgabenklärung

Das Ziel des ersten Praktikums liegt im Wesentlichen darin, das Berufsfeld kennenzulernen und die eigene Berufswahlentscheidung zu überprüfen.

Vielleicht hat sich die Praktikantin auch spezielle Ziele gesetzt, die schriftlich festgehalten und während der Reflexionsgespräche überprüft werden sollten. Sie hat vielleicht auf einer Kompetenzzielscheibe (S. 87) festgehalten, über welche Kompetenzen Sie bereits in ausreichendem Maße verfügt und an welchen zwei Kompetenzbereichen sie noch arbeiten möchte.

Mithilfe des Arbeitsbogens (S. 34) kann die Praktikantin ihre Ziele klären und sich darin üben, Indikatoren für die Zielerreichung zu benennen.

Es ist darauf zu achten, dass die Ziele positiv formuliert werden. Außerdem sollte die Praktikantin bei der Zielsetzung Prioritäten setzen. Wenn sie ein sechswöchiges Praktikum absolviert, kann sie nicht zehn Ziele auf einmal verfolgen.

33

Meine wichtigsten Ziele für das Praktikum sind:	Indikatoren für das Erreichen der Ziele sind:
1.	1. . . . .
2.	2. . . . .
3.	3. . . . .
4.	4. . . . .
5.	5. . . . .

Achten Sie darauf, dass es sich nicht um individuelle, sondern um berufliche Ziele handelt. Die Ziele werden sehr konkret (nachprüfbar) formuliert, und die Praktikantin sollte auch notieren, ob sie für das Erreichen der Ziele Hilfe benötigt und, wenn ja, von wem.

Ziele sollten immer **SMART** gesetzt werden:

Spezifisch: Um was genau geht es?

Messbar: Woran kann ich erkennen, dass das Ziel erreicht wurde?

Akzeptiert: Stehe ich auch wirklich hinter dem Ziel?

Realistisch: Ist das Ziel überhaupt zu erreichen?

Terminiert: Das Ziel muss einen Zeitbezug haben!

Diese ganzen Überlegungen können natürlich nicht alle schon beim ersten Treffen erledigt werden. Aber die Praktikantin kann sich auf das Praktikum vorbereiten, indem sie sich im Vorwege schon mit diesen Themen auseinandersetzt.

Dürfte ich mal bitte Ihre Lernziele kontrollieren?

Die Ausbildungsbegleiterin sollte der Praktikantin versprechen können, sie zu unterstützen,

- bei der Verfolgung ihrer Ziele,
- bei der Entwicklung der Fähigkeit, gestellte Aufgaben kritisch zu reflektieren,
- bei der Weiterentwicklung ihrer Kompetenzen,
- bei der Entwicklung ihrer beruflichen Identität,
- bei der Reflexion über die Auswirkungen von beruflichem Handeln, Vorgehen und Verhalten,
- bei der Fähigkeit, eigene Stärken, Neigungen und Entwicklungsaufgaben zu entdecken,
- methodische Handlungsweisen kennenzulernen,
- Zusammenhänge von Theorie und Praxis wahrzunehmen,
- reflektiert zu handeln,
- konstruktive Auseinandersetzungen zu führen,
- die berufliche Kompetenz zu erweitern.

Die Aufgabe der Ausbildungsbegleiterin ist es, den Praktikantinnen in einem geschützten Arbeitsfeld umfangreiche Erfahrungen zuteil werden zu lassen. Auf solche Erfahrungen muss sich die Praktikantin einlassen und aus eigenem Antrieb das Praktikum auch als experimentelles Erfahrungsfeld betrachten können.

1.8.3 Rollenklärung zwischen Ausbildungsbegleiterin und Praktikantin

Wichtig ist, die unterschiedlichen Rollen von Ausbildungsbegleiterin und Praktikantin in einem ersten Gespräch noch einmal deutlich herauszustellen. Dazu ist es notwendig, die eigene Rolle klar zu definieren, sich mit ihr auseinanderzusetzen, die eigenen Erwartungen und das eigene Rollenverständnis zu explorieren. Das beugt Rollenkonflikten vor, schafft Klarheit und Verständnis für den anderen und schränkt das Konfliktpotenzial bedeutend ein. Das zeigt folgendes Beispiel:

Die Praktikantin Lisa befindet sich im Orientierungspraktikum der Ausbildung zur Erzieherin. Sie ist seit zwei Wochen in der Einrichtung, fühlt sich dort wohl und kennt sich hervorragend aus. Eines morgens, Lisa arbeitet in der Frühschicht, kommt ein Elternpaar, das die Einrichtung gerne einmal ansehen und ein Gespräch führen möchte. Die Eltern ziehen in Betracht, ihr Kind in der betreffenden Kita Sternenhimmel anzumelden. Lisa öffnet die Tür, lässt das Paar herein, führt es durch die Kita und beantwortet alle Fragen. Erst, als sie auf die fragend blickende Leiterin der Einrichtung trifft, wird ihr bewusst, dass sie eine Grenze überschritten hat. Sie ist nicht Leiterin und (noch) nicht Erzieherin. Ihre Aufgabe ist es nicht, Fremde herumzuführen. Hätte die Ausbildungsbegleiterin frühzeitig ein Gespräch zur Klärung der Rollen geführt, hätte Lisa diese unangenehme Erfahrung vermeiden können.

Die Rolle der Ausbildungsbegleiterin können Sie mithilfe der folgenden Fragen für sich oder im Team klären:

1. Welche persönlichen und beruflichen Motive haben mich dazu geführt, die Rolle der Ausbildungsbegleiterin zu übernehmen?
2. Was habe ich der Praktikantin zu bieten? Wo liegen meine Stärken?
3. Welche Erwartungen will / kann / muss ich vonseiten der Praktikantin, der Schule, dem Träger erfüllen?
4. An welchen Stellen kann es Konflikte geben? Wie werde ich damit gegebenenfalls umgehen?
5. Was bedeutet für mich, Verantwortung für die Praktikantin und das Praktikum zu übernehmen?
6. Wie fühle ich mich in der Rolle der Beurteilerin, der Feedback-Geberin?

Die Rolle der Praktikantin

Natürlich gibt es nicht „die" Praktikantin. Dennoch haben Praktikantinnen einiges gemeinsam – und die Rolle, die sie alle spielen, ist sehr ähnlich. Die Praktikantin ist Lernende und steht in ihrer Biografie an einem ganz bestimmten Punkt ihres Lebens. Vielleicht ist sie gerade dabei, sich vom Elternhaus zu lösen, und ihr zentrales Thema ist möglicherweise eine erste große Liebe. Sie befindet sich, wenn sie unter 25 Jahre alt ist, vielleicht immer noch in einer Phase voller Spannung und Umbrüchen. Sie ist schon fast Erzieherin, aber dennoch dabei, eigene Lebenssituationen zu bewältigen, mit Autoritäten neu umzugehen, selbstständig in einer eigenen Wohnung zu leben usw. Gleichzeitig soll sie sich verantwortlich für die Kinder zeigen und selbst so etwas wie Autoritätsperson werden. Dabei hat sie einen Spagat zu bewältigen, denn sie ist noch in der Ausbildung, von einer Ausbildungsbegleiterin und von einer Lehrkraft abhängig.

Die Praktikantin ist geprägt durch die eigene Sozialisation, hat ein eigenes Bild vom Kind entwickelt, Werte und Normen aus der eigenen Familie übernommen, ein Selbstbild konzipiert und in ihrem sozialen System schon unterschiedliche Rollen ausprobiert. Jetzt soll sie in eine neue Rolle schlüpfen, die nicht immer ganz einfach ist und in die sie sich erst einmal hineinfinden muss. Hier sind Spannungen vorprogrammiert, wenn sie keine einfühlsame Ausbildungsbegleiterin hat. Denn die Praktikantin soll

- eigenständige Entscheidungen treffen, aber trotzdem Zurückhaltung zeigen und nicht vorpreschen,
- sich als Mitglied des Teams betrachten, darf aber an den Teambesprechungen nicht teilnehmen,
- eine Beziehung zu den Kindern aufbauen, sie aber nicht zu stark an sich binden, da sie nach sechs Wochen wieder Abschied von der Kita nehmen muss,
- situationsangemessen arbeiten, aber dennoch schulische Aufgaben in Form von Angeboten für die Kinder bewältigen,

- die Kita als Erprobungsfeld nutzen, aber nicht auf Kosten der Kinder experimentieren,
- professionell handeln, obwohl sie sich noch in der Ausbildung befindet,
- eine reflektierende Haltung einnehmen, auch wenn niemand Zeit hat, mit ihr gemeinsam das Handeln zu reflektieren,
- sich wie eine erwachsene Frau und professionelle Erzieherin verhalten, obwohl sie sich selbst vielleicht noch auf der Schwelle zum Erwachsenwerden befindet.

Die Rolle der Ausbildungsbegleiterin

Die Ausbildungsbegleiterin ist nicht nur Kollegin, sondern auch Vorgesetzte, Vorbild, Bezugsperson, Beurteilerin. Sie hat nicht nur für die Kinder Verantwortung übernommen, sondern auch in hohem Maße für eine Praktikantin, die sie beraten, unterstützen, fördern, fordern, zur Reflexion anregen und beurteilen soll.

Sie hat diese Rolle übernommen (hoffentlich freiwillig!), weil sie über besondere Fähigkeiten (Beratungskompetenz, hohe fachliche Kompetenz) verfügt und eine zertifizierte Ausbildung als Ausbildungsbegleiterin durchlaufen hat. Für die Praktikantin ist die Ausbildungsbegleiterin Motivatorin, Unterstützerin, Aktionistin, Hilfeleistende, Leitende und Modell (vgl. Schatz 2003, S. 6).

Die Ausbildungsbegleiterin ist aber nicht Mutter und nicht Freundin. Eine professionelle Haltung einnehmen bedeutet auch, anzuerkennen, dass die Praxisbegleiterin Vorgesetzte, Vorbild, Coach und Unterstützerin in einem ist. Das ist sicherlich nicht einfach, denn wer möchte nicht auch als Freundin geliebt und akzeptiert werden.

1.8.4 Gemeinsame Planung des Praktikums

Im ersten oder gerne auch im zweiten Gespräch sollte die Ausbildungsbegleiterin mit der Praktikantin gemeinsam einen Ausbildungsplan anfertigen. Dafür muss die Praktikantin einige Vorarbeit leisten. Sie hat sich vor dem Gespräch bereits notiert,

- welche Aufgaben bis wann für die Fachschule zu erledigen sind,
- welche Entwicklungsaufgaben sie selbst in welcher Zeit bewältigen möchte,
- welche Aufgaben sie im Laufe des Praktikums schrittweise übernehmen möchte,
- wann die Gespräche mit der Lehrkraft stattfinden sollen,
- bis wann diese Gespräche von ihr selbst vorbereitet werden,
- an welchen besonderen Aktivitäten sie gerne teilnehmen und wo sie sich selbst einbringen möchte.

Die Ausbildungsbegleiterin macht einen Terminvorschlag für die wöchentlichen Reflexionsgespräche. Auch diese kann die Praktikantin vorbereiten. Die Ausbildungsbegleiterin gibt der Praktikantin eine Übersicht über die feststehenden Kita-Termine wie Teamsitzungen, Supervision, Elternabend, Fortbildungen, Feste etc.

1.8.5 Der Ausbildungsvertrag

Viele Fachschulen haben eigene Ausbildungsverträge, die sie den Praxisstellen aushändigen. Einen solchen Ausbildungsvertrag, wie ihn das Hamburger Institut für Berufliche Bildung entworfen hat, finden Sie auf Seite 83 im Anhang.

37

Sie können mit der Praktikantin aber auch einen internen (Lern)Vertrag abschließen, der die Zusammenarbeit regelt, Auskunft über die Entwicklungsziele gibt und Aussagen zur Verbindlichkeit von Aufgaben und Absprachen trifft. Ein solcher Lernvertrag enthält außerdem Zielvereinbarungen und klärt, welche Ressourcen zur Erreichung des Ziels notwendig sind: Welche personelle Unterstützung wird gewünscht? Welche Arbeitsmittel müssen bereitgestellt werden und wieviel Zeit ist zur Erreichung des Ziels notwendig? Hinter dem Vertrag steht eine Leitidee:

▪ Die im Vertrag vereinbarten Ziele (im günstigsten Fall zwischen Praktikantin, Lehrkraft und Ausbildungsbegleiterin ausgehandelt) sind Grundlage für das Lernen während des Praktikums.
▪ Der Lernvertrag steht für die gute Zusammenarbeit zwischen Praktikantin und Ausbildungsbegleiterin (und Lehrkraft).
▪ Die Praktikantin übernimmt Verantwortung für den eigenen Lernerfolg. Sie gibt der Ausbildungsbegleiterin Auskunft über die erfolgten Lernschritte.
▪ Mit ihrer Unterschrift dokumentieren die Beteiligten den gegenseitigen Respekt und die gemeinsame Verantwortung für das Lernergebnis.

Verträge stellen die Basis für jede Form der Zusammenarbeit dar. Sie regeln folgende Aspekte:

▪ Formale Bedingungen, den äußeren Rahmen, eventuell Umgangsformen
▪ Verantwortlichkeiten
▪ Ziele und Indikatoren (Woran wird festgestellt, dass das Ziel erreicht ist?)
▪ Methoden.

Der Vertrag kann auch Aussagen darüber enthalten, was die Praktikantin von der Ausbildungsbegleiterin erwarten kann, welche Unterstützung sie braucht und wie man im Konfliktfall miteinander umgeht.

Die Form dieses (Lern)Vertrages ist sehr individuell und hängt von den miteinander arbeitenden Personen, der Art der Einrichtung, der Praxisphase und den jeweiligen Fähigkeiten der Praktikantin ab.

1.9 Rechtliche Grundlagen

Das Praktikum wird durch die Schulbehörde geregelt. Sie hat Standards für die praktische Ausbildung von Erzieherinnen und sozialpädagogischen Assistentinnen entwickelt und in Handreichungen festgehalten. In Hamburg wurden die Vereinbarungen zur Regelung der Praktika zwischen den Trägern und Dachverbänden von Tageseinrichtungen für Kinder, den Einrichtungen der offenen Kinder- und Jugendarbeit, der Hilfen zur Erziehung und Einrichtungen für Menschen mit Assistenzbedarf sowie den sozialpädagogischen Schulen getroffen. Downloaden können Sie den Leitfaden unter: www.hibb.hamburg.de/index.php/file/download/3212

Die Aufsichtspflicht im Praktikum

Die Aufsichtspflicht im Praktikum stellt für Ausbildungsbegleiterinnen und Praktikantinnen häufig ein besonders heikles Problem dar. Im folgenden Beispiel zeigt sich, wie es zu lösen ist:

Merle K. ist 19 Jahre alt und Studierende an einer Fachschule für Sozialpädagogik. Sie ist im fünften Semester und absolviert zurzeit ein zehnwöchiges Praktikum in einer Kita. Als sie gerade fünf Wochen in der Einrichtung ist, greift eine Grippewelle um sich und reduziert die Einsatzfähigkeit der Mitarbeiterinnen drastisch. Natürlich weiß die Kita-Leiterin, dass Merle nicht die Aufgaben einer Gruppenleiterin übernehmen kann. Da sie sich aber in den ersten Wochen als ausgesprochen kompetent und umsichtig gezeigt hat, bittet die Leiterin sie, die Leitung der Gruppe kurzfristig zu übernehmen. Merle empfindet diese Bitte als

Anerkennung und ist gerne bereit, sich der verantwortungsvollen Aufgabe zu stellen. Aber darf sie das überhaupt?

Eine Frage der Eignung

Der Träger der Einrichtung überträgt die Aufsichtspflicht seinen Mitarbeiterinnen. Die Delegation der Aufsichtspflicht ist zunächst nicht an die Ausbildung der damit betrauten Person gebunden. Das bedeutet: Ob die Aufsichtspflichtige Kinderpflegerin, Sozialpädagogin, Erzieherin oder Praktikantin ist, spielt keine entscheidende Rolle. Entscheidend ist vielmehr, ob sie für diese verantwortungsvolle Aufgabe geeignet ist. Die Eignung hängt in erster Linie von folgenden Eigenschaften ab:

- Zuverlässigkeit
- Gewissenhaftigkeit
- Verantwortungsbewusstsein
- Fähigkeit, die Übersicht zu behalten und bei Gefahr entschlossen einzugreifen
- Erfahrung.

Wenn eine Praktikantin neu in der Gruppe ist oder noch kein anderes Praktikum absolviert hat, ist es fraglich, ob die Leiterin bereits eine Aussage über deren Verantwortungsbewusstsein machen kann. Vertrauen muss sich erst entwickeln, was auch mit Erfahrungen mit der Kindergruppe einhergeht. Im Fall von Merle sieht das anders aus. Sie hat nicht nur schon die Hälfte der Ausbildungszeit hinter sich und dadurch auch rechtliche Kenntnisse zum Thema Aufsichtspflicht erworben. Merle hat sich auch gut eingelebt und Umsicht und Verantwortungsbewusstsein bewiesen. Die Leiterin konnte sich davon überzeugen, dass Merle eine vollwertige Kraft ist. Sollte die Leiterin auch nur geringste Zweifel an Merles Fähigkeiten haben oder gar vermuten, dass die Praktikantin mit der Aufgabe überfordert sein könnte, darf sie ihr selbstverständlich nicht die Aufsichtspflicht übertragen. Allerdings kann der Träger auch von einer 19-jährigen Fachschülerin erwarten, dass sie sich und ihre Fähigkeiten richtig einschätzen kann. Sollte sich Merle also überfordert fühlen, wird erwartet, dass sie das auch äußert, die Aufgabe nicht annimmt und gemeinsam nach einem Kompromiss gesucht wird (vgl. Stamer-Brandt/Ulbrich 2007, S. 54).

39

2. Durchführen – Praxisbegleitung konkret

2.1 Der erste Tag

Der erste Tag in der Praxis sollte gut vorbereitet werden, denn: Der erste Eindruck ist sehr entscheidend – für beide Seiten.

Es passiert hin und wieder, dass neue Praktikantinnen sich erst einmal selbst überlassen bleiben. Sie kommen an einem Tag, an dem sowieso schon alles drunter und drüber geht, eine Kollegin krank ist und niemand so richtig Zeit für sie hat: Jana hat sich sehr auf ihr erstes Praktikum gefreut. Sie steht pünktlich um 9 Uhr vor der Einrichtung – leider vor verschlossener Tür. Die Klingel scheint abgestellt zu sein. Jana klopft an mehrere Fenster, was ihr sehr unangenehm ist, und schafft es schließlich, sich bemerkbar zu machen. Die Tür wird geöffnet, aber die Erzieherin weiß gar nicht richtig, was sie mit Jana anfangen soll. Janas Ausbildungsbegleiterin ist ganz überraschend ins Krankenhaus gekommen und niemand hat daran gedacht, dass der Einsatz der Praktikantin ja neu geplant werden muss. Nun steht Jana herum, die Kita-Leiterin ist nicht im Haus und die Praktikantin bleibt sich selbst überlassen. Kein schöner Start für Jana. Es wäre wichtig für sie gewesen, dass jemand da ist, der Zeit für sie hat, ihre Fragen beantwortet, ihr hilft, die ersten Stunden in angenehmer Atmosphäre und ohne Stress zu verbringen.

Auch für die Ausbildungsbegleiterin kann der erste Tag Stress bedeuten. Sie hat ihre normale Arbeit zu leisten und sich gleichzeitig um einen Neuling zu kümmern. Das ist nicht ganz einfach. Dennoch: Es ist wichtig, dass sie sich für die Praktikantin Zeit nimmt und andere Dinge erst einmal zurückstellt.

Die Praktikantin ist unsicher, vielleicht auch ein bisschen ängstlich. Sie kennt die Rituale der Einrichtung noch nicht und weiß auch nicht, welches Verhalten von ihr erwartet wird. Deswegen: Geben Sie Ihrer Praktikantin zuerst Gelegenheit zu einem Gespräch unter vier Augen. Fragen Sie sie, ob sie sich den anderen Mitarbeiterinnen und den Kindern selbst vorstellen möchte. Besprechen Sie mit Ihrer Praktikantin, wie der erste Tag verlaufen kann und welche Erwartungen Sie an sie haben. In welchen Arbeitsbereichen erwarten Sie bereits Mithilfe? Wo kann die Praktikantin eigenständig agieren und wo soll sie zunächst nur beobachten? Machen Sie sich dazu Notizen und scheuen Sie sich nicht, der Praktikantin einen Merkzettel zu geben. Wenn Sie ein Praxishandbuch haben, erübrigt sich das.

Was macht die Praktikantin am ersten Tag? Sie

- stellt sich den Kindern vor (sie macht das alleine, denn sie ist erwachsen und kompetent, die Ausbildungsbegleiterin muss nicht für sie reden),
- stellt sich der Kita-Leiterin vor,
- nimmt Kontakt zu den Kindern auf,
- spielt mit den Kindern, wenn sie darum gebeten wird,
- macht sich mit den Räumen und dem Material vertraut,
- nimmt erste Kontakte zu anderen Mitarbeiterinnen auf, zeigt sich kommunikativ ohne sich aufzudrängen,
- unterstützt die Kolleginnen auch unaufgefordert,
- macht sich mit dem Konzept der Einrichtung vertraut und erhält Gelegenheit, Nachfragen zu stellen,
- erkundet die Fachräume,
- fertigt einen „Steckbrief" für das Schwarze Brett an, damit die Kolleginnen und Eltern sich ein erstes Bild von der neuen Mitarbeiterin machen können.

Stehen Sie der Praktikantin am ersten Tag auf jeden Fall mit Rat und Tat zur Seite. Informieren Sie sie auch, an wen sie sich wenden kann, wenn Sie etwas zu tun haben oder zeitweilig nicht erreichbar sind. Sagen Sie der Praktikantin auch, was sie bitte unterlassen möchte: zum Beispiel Elterngespräche führen, mit Kindern die Einrichtung verlassen, ohne Absprache Angebote unterbreiten, Kinder sanktionieren, Süßigkeiten verteilen...

Nehmen Sie sich am ersten Tag auch Zeit, um mit der Praktikantin das Praktikum zu planen und einen Ausbildungs- oder Lernvertrag abzuschließen. Sie sollten auch sehr bald besprechen, wann und wie die Aufgaben für die Schule bewältigt werden können und anregen, dass die Praktikantin ein Portfolio für die fachpraktische Ausbildung anfertigt. Im Rahmen der wöchentlichen Besprechungen können Sie sich dann regelmäßig davon überzeugen, dass die Praktikantin ihre Aufgaben ausführt.

Und denken Sie daran: Die Praktikantin muss jetzt einen großen Stein für sich ins Rollen bringen. Das wird trotz aller Freude nicht ganz einfach für sie sein. Und vielleicht hat sie zunächst auch das Gefühl, das gar nicht alles schaffen zu können.

Die Praktikantin kann einen „Fehlstart" vermeiden, indem sie am Tag vor dem Arbeitsbeginn noch einmal in der Einrichtung anruft und nachfragt, ob es neue Dinge zu bedenken gibt, sich vielleicht seit dem letzten Gespräch etwas verändert hat und auch gerne noch einmal betonen, dass sie sich auf das Praktikum freut. Sie sollte pünktlich sein und bei der Wahl ihres Outfits daran denken, dass sie in eine Kita geht, wo sie mit den Kindern Fußball spielt, mit ihnen in der Sandkiste sitzt und mit klebrigen Saftfingern und Tuschfarben in Berührung kommt. Die Praktikantin nimmt ihre Vorstellung am ersten Tag am besten selbst in die Hand und sagt den Kindern und Kolleginnen, wer sie ist, was sie in der Kita machen wird und wie lange sie bleibt. Das Vorgehen für die Vorstellung besprechen Ausbildungsbegleiterin und Praktikantin im Vorfeld. Dabei kann auch gleich geklärt werden, ob es sinnvoll ist, zur Kita-Leiterin zu gehen, um den Dienstantritt zu melden und sich vielleicht noch einmal in Erinnerung zu bringen.

41

Die Praktikantin sollte sehr aufmerksam sein und sich genau anschauen, wie ihre Ausbildungsbegleiterin mit den Kindern und den Kolleginnen umgeht, und sich auch nicht scheuen zu fragen, wenn ihr etwas unklar ist. Vor dem Einführungs- oder Erstgespräch ist es für die Praktikantin nicht ratsam, gleich Eigeninitiative zu ergreifen und sich ungefragt helfend einzuschalten.

Im ersten Gespräch kann auch abgeklärt werden, welche Wünsche die Praktikantin hat, in welchen Bereichen sie sich ausprobieren und was sie lernen möchte. Es ist auch nicht verkehrt, wenn sie der Ausbildungsbegleiterin hier bereits mitteilt, was sie besonders gut kann und was sie der Einrichtung insgesamt zu bieten hat.

Die Praktikantin sollte sich auch darüber informieren, was in der Einrichtung zum absoluten „No Go" gehört. Vielleicht gibt es auch Dinge, auf die sie besonders achten sollte – zum Beispiel:

- Welche Rituale gibt es?
- Gibt es Kinder, auf die besonders geachtet werden muss, die eine Beeinträchtigung oder Assistenzbedarf haben?
- Muss die Praktikantin immer in der Gruppe der Ausbildungsbegleiterin bleiben oder darf sie auch in andere Gruppen gehen? Welche sind ihre Bezugskinder? In welchem Funktionsraum sollte sie sich vorwiegend aufhalten?
- Gibt es für Praktikantinnen eine Vorbereitungszeit, um das Portfolio zu schreiben, schulische Aufgaben zu erledigen, Beobachtungen festzuhalten, Reflexionsgespräche vorzubereiten...?

2.2 Eine Arbeitsbeziehung herstellen

Ausbildungsbegleiterin und Praktikantin müssen nun für eine Weile gut miteinander auskommen. Sie verbringen viel Zeit miteinander, arbeiten auch im Team und sprechen ihre Arbeit miteinander ab. Dennoch unterscheidet sich ihr Verhältnis von der kollegialen Beziehung, die die Ausbildungsbeglei-

terin zu den anderen Erzieherinnen hat. Das hat unter anderem damit zu tun, dass die Ausbildungsbegleiterin gegenüber der Praktikantin weisungsberechtigt ist und beurteilt. Ausbildungsbegleiterin und Praktikantin stehen, egal ob es ihnen gefällt oder nicht, auf unterschiedlichen Hierarchieebenen. Die Ausbildungsbegleiterin verfügt über einen großen Erfahrungs- und Wissensschatz, ihr fällt die Rolle der Beraterin/des Coachs zu, während die Praktikantin die Lernende ist. Die Ausbildungsbegleiterin ist nicht Freundin und auch nicht Seelsorgerin der Praktikantin. Dessen sollten sich beide bewusst sein und sich gerade trotz der unterschiedlichen Rollen mit Respekt begegnen und wertschätzend miteinander umgehen.

Ein Beispiel: Tina, Praktikantin in der zweiten Ausbildungsphase, kommt schon zum zweiten Mal in dieser Woche zu spät. Es sind immer nur wenige Minuten, aber die Ausbildungsbegleiterin ärgert sich darüber und gibt ihrem Unmut auch Ausdruck, indem sie scharf sagt: „Kannst du eigentlich auch mal pünktlich kommen?" Tina ist „befremdet". Die Ausbildungsbegleiterin reagiert wie ihre Mutter, regt sich über eine Kleinigkeit fürchterlich auf. Tina reagiert dann auch wie bei ihrer Mutter, sie schmollt und „macht zu". Gegenseitiger Respekt sieht anders aus. Die Ausbildungsbegleiterin hätte Tina fragen können, ob es einen Anlass für die Verspätung gibt. Sie hätte noch einmal darauf hinweisen können, dass ihr Pünktlichkeit sehr wichtig ist, und sie hätte Tina bitten können, einen Vorschlag zu machen, der es ihr ermöglicht, künftig rechtzeitig in der Einrichtung zu sein. In einer Arbeitsbeziehung werden so die gegenseitigen Erwartungen transparent gemacht.

Ein weiteres Beispiel: Frau K., Ausbildungsbegleiterin in einer Kita, hat ein Beziehungsproblem. Sie ist sehr dankbar, dass die Praktikantin ein offenes Ohr für ihre Schwierigkeiten hat. Die Praktikantin fühlt sich zunächst geschmeichelt, weil Frau K. ihr sehr private Probleme anvertraut.

Wir senden und empfangen Botschaften

Sachaspekt

Was ich dir sage
Worüber informiere ich dich
(Sachinhalte, sprachliche Informationen)

Sender → **Botschaft** → Empfänger

Wie sage ich es (Mimik, Gestik, Tonfall)
Was halte ich von dir
Wie sehe ich dich
Was denke ich über dich

Beziehungsaspekt

(Aus: Weber/Hermann 2004, S. 39, nach: Schulz von Thun)

Mit der Zeit sieht sie sich aber mit Gesprächen dieser Art überfordert, traut sich aber nicht, Frau K. das mitzuteilen. Private Gespräche gehören auch zu einer Arbeitsbeziehung, sie schaffen Vertrauen. Die Praktikantin muss privaten Kummer mitteilen und sicher sein können, dass ihre Sorgen vertraulich behandelt werden. Die Ausbildungsbegleiterin fungiert aber nicht als Kummerkasten. Sie sollte professionell genug sein, um bei echten Problemen an Fachleute weiterzuverweisen. Eine Ausbildungsbegleiterin sollte mit privaten Informationen sehr sparsam umgehen und die Praktikanten mit ihren Problemen schon gar nicht belasten. In einer Arbeitsbeziehung darf auch Raum für Gefühle sein. Aber der Umgang mit Gefühlen sollte auf jeden Fall sehr gut reflektiert werden: Welche Botschaft überbringe ich, indem ich bestimmte Gefühle äußere? Welche Auswirkung hat das auf unser Arbeitsverhältnis? Schafft die Gefühlsäußerung Vertrauen oder wirkt sie sich belastend aus?

„Ich weiß nicht, was ich gesagt habe, bevor ich die Antwort meines Gegenübers gehört habe" (Paul Watzlawick). Bei dem, was und wie die Ausbildungsbegleiterin der Praktikantin etwas sagt

und umgekehrt schwingen immer auch Gefühle mit, die durch Mimik, Gestik, Körperhaltung, Betonung und Wahl der Worte zum Ausdruck kommen. Das, was der „Sender" der Sachinformation zum Ausdruck bringt, kann beim „Empfänger" durchaus völlig anders ankommen. Deswegen ist es wichtig, auf die eigenen Botschaften zu achten, mitzudenken, wie diese Mitteilungen beim anderen ankommen und was sie auslösen können. Wenn eine Botschaft von Bedeutung ist, sollte deswegen unbedingt nachgefragt werden, ob die Nachricht verstanden wurde. Noch besser ist es, zu fragen: „Habe ich dich richtig verstanden? Du möchtest, dass ich jetzt..."

Das untenstehende Joharifenster zeigt deutlich, warum es immer wieder einmal zu Missverständnissen im Rahmen der menschlichen Kommunikation kommt. Diese Schwierigkeiten lassen sich eingrenzen, wenn uns bewusst ist, dass wir alle einen „Blinden Fleck" haben, uns bestimmte Aspekte unseres Seins bewusst sind, aber von anderen Menschen durchaus anders wahrgenommen werden. Sie kennen das aus Ihrer eigenen Ausbildung, sollten sich trotzdem noch einmal damit beschäftigen, weil es die Kommunikation zwischen Ausbildungsbegleiterin und Praktikantin erleichtert.

A Bereich freien Handelns	**B** Bereich des "Blinden Flecks"
mir und anderen bekannt	anderen unbekannt
C Bereich des Verbergens	**D** Bereich des Unbewussten
nur mir bekannt	mir und anderen nicht bekannt

- **Bereich A** umfasst den Teil des gemeinsamen Wissens, also jene Aspekte unseres Verhaltens, die uns selbst **und** den anderen Mitgliedern der Gruppe bekannt sind, und in dem uns unser Handeln frei, unbeeinträchtigt von Ängsten und Vorbehalten erscheint. Hier sind wir quasi die „öffentliche Person". Zum Beispiel möchte ein Abteilungsleiter bei den Mitarbeitern gerne den Eindruck des kollegialen Vorgesetzten erwecken, der sie fördert und mit Handlungsfreiheiten ausstattet.
- **Bereich B** umfasst den „Blinden Fleck", also den Anteil unseres Verhaltens, den wir selbst wenig, die anderen Mitglieder der Gruppe dagegen recht deutlich wahrnehmen: die unbedachten und unbewussten Gewohnheiten und Verhaltensweisen, die Vorurteile, Zu- und Abneigungen. Hier können uns die anderen Hinweise auf uns selbst geben. Dieser Bereich wird meist nonverbal, etwa durch Gesten, Kleidung, Klang der Stimme, Tonfall etc. anderen kommuniziert und umfasst insgesamt das Auftreten. Ein großer „Blinder Fleck" ist für eine effiziente Gesprächsführung hinderlich. Ein Beispiel dafür sind der Tonfall und die Mimik, mit der die Führungskraft zu den Mitarbeiterinnen spricht.
- **Bereich C** umfasst die Zurückhaltung, also jene Aspekte unseres Denkens und Handelns, die wir vor anderen bewusst verbergen – die „heimlichen Wünsche", die „empfindlichen Stellen", quasi die „private Person". Durch Vertrauen und Sicherheit zu anderen kann dieser Bereich erheblich eingegrenzt werden. Zum Beispiel hält sich eine Führungskraft selbst in einem bestimmten Wissensgebiet für nicht kompetent und möchte das insbesondere vor den Mitarbeiterinnen verbergen.
- **Bereich D** umfasst den unbewussten Bereich, der weder uns noch anderen unmittelbar zugänglich ist; zu ihm kann aber etwa eine Tiefenpsychologin oder ein Tiefenpsychologe Zugang finden. Verborgene Talente und ungenützte Begabungen sind Beispiele hierfür. Möglicherweise ist ein Abteilungsleiter ein talentierter Ver-

käufer, hatte aber im Rahmen seiner bisherigen Tätigkeiten noch nie mit dem Vertrieb von Produkten zu tun, und infolgedessen kennen weder er noch seine Vorgesetzten und Mitarbeiter seine Begabung hierfür (vgl. arbeitsblaetter. stangl-taller.at/KOMMUNIKATION/Joharifenster.shtml).

Was können Sie als Ausbildungsbegleiterin noch tun, um eine positive Arbeitsbeziehung herzustellen?

- Nehmen Sie Ihre Praktikantin ernst!
- Zeigen Sie ihr gegenüber Wertschätzung!
- Nehmen Sie sich für die Praktikantin Zeit und „fertigen" Sie sie nicht zwischen Tür und Angel ab!
- Arbeiten Sie nicht defizitorientiert mit der Praktikantin, sondern fördern Sie ihre Begabungen!
- Suchen Sie bei Problemen **gemeinsam** nach einer Lösung!
- Geben Sie ehrlich und hilfreich Feedback!
- Erklären Sie Ihre eigenen Handlungsweisen!
- Denken Sie daran, dass Ihre Praktikantin noch keine voll ausgebildete Kraft ist!
- Widmen Sie sich bei Reflexionsgesprächen ausschließlich Ihrer Praktikantin!
- Machen Sie Ihre Beurteilungsgrundsätze transparent!
- Stellen Sie häufiger Fragen, statt Antworten zu geben!
- Orientieren Sie sich im Umgang mit der Praktikantin immer an deren ganz individuellem Kompetenzstand!

Letzteres bedeutet, dass Ihr Verhalten nicht bei jeder Praktikantin gleich sein kann. Eine unsichere Praktikantin, die sich im ersten Praktikum befindet und noch sehr jung ist, braucht mehr Lenkung und Unterstützung als die Praktikantin, die schon eine Ausbildung als Sozialpädagogische Assistentin absolviert hat, selbst Mutter von zwei Kindern ist und sich in ihrem letzten Praktikum befindet.

Kompetenzstand der Praktikantin	Anleitungsstil	Anleitungsaufgaben
geringe Kompetenz und viel Engagement	lenken	strukturieren, kontrollieren, überwachen
einige Kompetenz und geringes Engagement	anleiten	lenken und begleiten
hohe Kompetenz und schwankendes Engagement	unterstützen	anerkennen, zuhören, fördern
ausgeprägte Kompetenz und hohes, stabiles Engagement	delegieren	Verantwortung übertragen

(Aus: Weber/Herrmann 2004, S. 15)

2.3 Einen Ausbildungsplan erstellen

Im ersten Kapitel haben Sie bereits einiges über die Planung des Praktikums erfahren. Spätestens nach dem ersten Drittel des Praktikums sollte dieser Plan noch einmal in den Blick genommen und kontrolliert werden, ob

- die Ziele richtig gesetzt und erreicht worden sind,
- die Praktikantin ihr Aufgaben termingerecht erledigen konnte ohne über- oder unterfordert zu sein,
- eine neue Situation eine Änderung des Plans notwendig macht,
- die Zeiten für die Reflexionsgespräche angemessen sind.

Entwickeln Sie zusammen mit Ihrer Praktikantin einen genauen Terminplan, der einzelne Arbeitsschritte aufzeigt und sich leicht kontrollieren lässt. „Der Ausbildungsplan ist weniger als formale Vorgabe anzusehen, sondern gleichzeitig als Planungs- und Reflexionsinstrument, mit dessen Hilfe die Praxisanleiterin in regelmäßigen Praxisanleitungsgesprächen mit der Praktikantin den Praktikumsverlauf evaluieren und nächste Lernschritte planen kann" (Morlock/Riehn 2009, S. 26).

45

Ausbildungsbegleiterin

Aufgabe	Bis wann?	Mit welchem Ziel?	Wer unterstützt?	Welche Hilfsmittel werden benötigt?	Mit welchem Erfolg erledigt?
Standardisierte Beobachtung Sprachverhalten der Kinder Max und Lotta	6. Woche	Überprüfung des Sprachstandes Sprachförderung	Ausbildungs- begleiterin Logopädin	Erhebungsbögen	
Anfertigung eines Lerntage- buches	10. Woche	Dokumentation der Arbeit Sicherung von A-Material Blick auf Entwicklung Lernzielkontrolle	Ausbildungs- begleiterin Kolleginnen	Arbeitsblätter Literatur Beobachtungsbögen Protokolle A-Material Fotos	

Wenn die Orientierungsphase weitgehend bewältigt worden ist (abgeschlossen ist sie eigentlich
nie, weil es immer wieder Neues zu entdecken
gibt), die Praktikantin einen guten Kontakt zu den
Kindern aufbauen und die Organisation kennenlernen konnte, dann sollte sie an den Beobachtungsaufgaben beteiligt werden.

Beobachtungsaufgaben für die Praktikantin

Die Beobachtung und die darauf aufbauende Bildungsdokumentation gehören zu den grundlegenden Handwerkszeugen der Erzieherin. Deswegen ist es wichtig, dass die Praktikantin frühzeitig lernt, mit ausgewählten Instrumenten der Beobachtung umzugehen. Gleichzeitig unterstützt sie die Ausbildungsbegleiterin dadurch bei deren Arbeit.

Die Praktikantin kann entdeckende Beobachtungen durchführen, indem sie Alltagssituationen beobachtet (etwa zwei bis zehn Minuten) und diese dokumentiert. Sie kann aber auch einen zielgerichteten Beobachtungsauftrag bekommen und bestimmte Verhaltensweisen und Kompetenzbereiche eines Kindes beobachten. Geeignete Beobachtungsinstrumente finden Sie unter: http://www.koeber-stiftung.de/index

Die Beobachtungen werden regelmäßig analysiert, mit der Praxisbegleiterin besprochen und ausgewertet. Eine Praktikantin kann auch schon einmal eine Lerngeschichte schreiben. Das hilft ihr, sich in die Situation des von ihr beschriebenen Kindes zu versetzen und auf kleine Details in der Entwicklung zu achten. Im unteren Seitendrittel finden Sie ein (in der Formulierung leicht abgewandeltes) Beispiel von Irene Flämig.

„Zentrale Merkmale der Bildungs- und Lerngeschichten lauten:

- Es geht um **„Geschichten".** Das Verfahren nutzt die Merkmale von Geschichten, um Kinder besser zu verstehen. Geschichten im Allgemeinen behandeln einen längeren Zeitraum und es wird nur erwähnt, was wirklich wichtig ist. Die Geschichten sollten nicht nur die Handlung selbst beschreiben, sondern auch Vorstellungen und Gefühle der beobachtenden Person und des Kindes thematisieren.

- **Kommunikation und Dialog zwischen allen Beteiligten** sind wesentliche Merkmale der Bildungs- und Lerngeschichten. Das Gespräch fördert das Verständnis der Geschichten. Die Beobachtung alleine reicht nicht aus. Um neue

---

Liebe Lina,

in der letzten Zeit habe ich dich mehrfach beobachtet und aufgeschrieben, was du gemacht hast. Ich glaube, es interessiert dich sehr, zu sehen, wie die anderen Kinder im Sand spielen. Du findest es aufregend, den anderen Kindern zuzuschauen und strengst dich sehr an, alles genau zu betrachten. Einmal hast du ganz lange beobachtet, wie die Kinder Sandkuchen gebacken haben und dich dann sehr gefreut, als sie fertig waren.

Ein anderes Mal hast du zugeschaut, wie die anderen Kinder ein Planschbecken mit Wasser gefüllt haben. Nach einer Weile hast du dich getraut, deine Hand in das Wasser zu halten und mit den anderen Kindern zusammen Wasser zu spritzen. Da hast du nicht nur zugeschaut, sondern teilgenommen und mitgemacht, und ich habe mich darüber sehr gefreut. Neulich habe ich dann auch gesehen, wie du in den Sandkasten gestiegen bist und mit Fred zusammen Matsch in ein Sandförmchen gefüllt hast. Das hast du zum ersten Mal gemacht. Du hast den Sand richtig angefasst. Vorher hast du immer am Rand des Sandkastens gestanden und den Sand nicht so gern gemocht. Du hast gelernt, wie sich der Sand anfühlt und was man alles damit tun kann. Ich glaube, gerade lernst du im Kindergarten, wie du es schaffst, die Dinge in die Hand zu nehmen und mitzumachen, wenn dich etwas interessiert.

Deine Jule

Erkenntnisse zu erwerben, die dann in die Lerngeschichte mit einfließen, muss die Mitschrift mit dem Kind, den Eltern oder Fachleuten besprochen werden.

- **Ressourcenorientierung** beschreibt die bewusste Suche nach Stärken und Interessen des Kindes, um diese als Ausgangspunkt für die Unterstützung des Kindes zu nehmen. Margaret Carr, die Begründerin der Bildungs- und Lerngeschichten, erklärt: Lerngeschichten werden geschrieben, um Kindern das Gefühl zu geben kompetente Personen zu sein, die etwas bewirken können, die gut lernen können. Der Sinn- und Zweck von Lerngeschichten besteht darin, positive Rückmeldung zu geben und die Kinder in ihrer Selbstwirksamkeit und ihrem Selbstwertgefühl zu stärken.
- **Anwendbarkeit in der Praxis:** Das Beobachtungsverfahren der Bildungs- und Lerngeschichten wurde in Neuseeland aus der Praxis heraus entwickelt. Es fand keine systematische Entwicklung, basierend auf wissenschaftlichen Methoden, statt. Die Beobachtungsmethode beruht überwiegend auf den Erfahrungen von Fachkräften. Sie ermöglicht einen Einstieg auf ‚niedrigem Niveau' und setzt kein umfassendes, diagnostisches und entwicklungspsychologisches Wissen voraus.

Die Merkmale werden in dem Verfahren der Bildungs- und Lerngeschichten genutzt, um den Sinn und der Bedeutung auf die Spur zu kommen, die Kinder mit ihren Handlungen verbinden" (Fläming in: Protokoll der Veranstaltung: Bildungs- und Lerngeschichten – Erfahrungen aus der Praxis 2008, S.1 f.). Die kleinen Fallgeschichten und Beobachtungen werden am besten regelmäßig verschriftlicht, damit sie auch für die kollegiale Beratung im Team und für Auswertungsgespräche in der Schule herangezogen werden können.

Am Beispiel der Beobachtung wird sehr gut deutlich, wie verzahnt Theorie und Praxis sind. Theoretisch ist die Praktikantin mit hoher Wahrscheinlichkeit mit verschiedenen Beobachtungs-verfahren vertraut. Nun hat sie Gelegenheit, diese in der Praxis anzuwenden und das gesamte Verfahren kennenzulernen und daran mitzuwirken.

Verfahren für systematische Beobachtung und Dokumentation

Die Bewältigung der Beobachtungsaufgaben ist ein großer Schritt auf dem Weg zur Professionalisierung. Die Praktikantin, die nicht nur beobachtet, sondern auch analysiert und Schlussfolgerungen daraus für das einzelne Kind, die Gruppe, die Raum- und Materialausstattung, das eigene Verhalten, die Zusammenarbeit mit den Eltern zieht, bekommt direkt zu spüren, dass ihre Arbeit sinnvoll ist und auch hilfreich für die Entwicklung der Kinder und die Zusammenarbeit im Team: „Wahrnehmendes Beobachten bildet den Kern von Theorie und Praxis. Es muss daher im Zentrum von Aus- und Fortbildung stehen. Alle anderen Inhalte der Aus- und Fort- und Weiterbildung müssen sich darauf beziehen" (Schäfer 2005, S. 4).

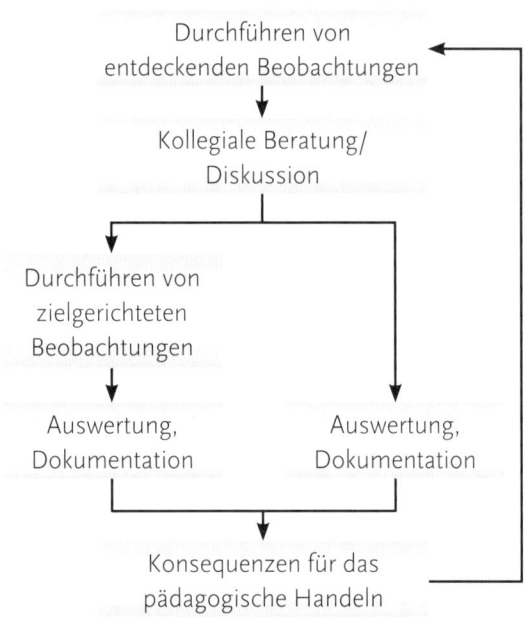

(Aus: Herrmann/Kany 2010, S. 81)

Die Praktikantin plant Angebote

Fühlt sich die Praktikantin sicher genug oder befindet sie sich bereits im Schwerpunkt- oder Projektpraktikum, dann sollte sie über die Spielanfragen der Kinder hinaus selbstständige „Angebote" für die Kinder machen. Die Themen für die „Angebote" ergeben sich

- aus den Fragen der Kinder,
- aus den Beobachtungen, die zeigen, welche Interessen die Kinder haben,
- durch die Anwesenheit der Praktikantin in Funktionsräumen, die durch das Materialangebot zum gemeinsamen Tun anregen,
- aus den Anforderungen der Bildungsempfehlungen.

Intensive Beobachtung der Kinder und der Dialog mit ihnen sowie das Gespräch mit der Ausbildungsbegleiterin klären, ob das gewählte Thema tatsächlich dem kindlichen Interesse entspricht. Bei der Wahl des Themas sollte auch immer die Sinnfrage gestellt werden.

Die Praktikantin steckt häufig in einem Dilemma: Sie arbeitet zum Beispiel in einer offenen Einrichtung, in der nach dem Situationsansatz (Lernen vollzieht sich von selbst in aktuellen Lebenssituationen) gearbeitet wird und es gar nicht üblich ist, „Angebote" zu unterbreiten. Eine Anfängerin ist aber noch nicht in der Lage, Projekte durchzuführen oder projektorientiert zu arbeiten, soll aber dennoch als Schulaufgabe Angebote planen, durchführen und reflektieren. Sie wird also die Balance zwischen selbst initiiertem und selbsttätigem Lernen der Kinder und gelenkter, systematisch angeleiteter Aktivität miteinander verbinden. Dabei benötigt die Praktikantin Unterstützung.

Für die Vorbereitung und Durchführung eines Angebotes oder einer Aktivität erstellt die Praktikantin einen Plan. Aus dem Plan geht hervor,

- welche Gründe zur Auswahl der Aktivität geführt haben,
- welche Lernerfahrungen (Schlüsselerfahrungen) die Kinder durch die Teilnahme an der Aktivität machen können,
- woran die Pädagogin erkennen kann, dass die Kinder Lernerfahrungen gemacht haben,
- mit welchen Methoden sie zum Ziel kommen will,
- warum die ausgewählten Methoden geeignet sind, das Ziel zu erreichen,
- auf welche Aspekte die Ausbildungsbegleiterin bei der Aktivität besonders achten muss.

Hier ein kurzer Ausschnitt aus der Planung einer Schülerin einer Berufsfachschule für Sozialpädagogische Assistentinnen.

Angel schreibt: „Thema: Der Herbstbaum. Beginn: Ich nehme mir 5 Kinder und setze sie an den Tisch." Wenn Angel schreibt, dass sie fünf Kinder „nimmt", dann wird schon deutlich, dass sie mehrere Prinzipien der sozialpädagogischen Arbeit vernachlässigt hat:

- Das Prinzip der Freiwilligkeit
- Das Prinzip der Sinnhaftigkeit
- Das Prinzip der Lebensweltorientierung
- Das Prinzip des kindlichen Interesses
- Das Prinzip der Aktivität
- Das Prinzip des Lebensbezugs.

Ausgehend von Beobachtungen und einer Situationsanalyse wird im gemeinsamen Dialog mit den Kindern das Thema gewählt. Die Themen sollten möglichst immer aus dem Interesse und den Erfahrungen der Kinder gespeist werden und umfangreiche Lernerfahrungen in vielen unterschiedlichen Bildungsbereichen ermöglichen. Umfangreiche Informationen zum Thema Projektarbeit finden Sie in dem Buch „Projektarbeit in KiTa und Kindergarten" (2010).

2.4 Besuche der Lehrkräfte planen und durchführen

Die Lehrkraft, die das Praktikum begleitet, wird an manchen Schulen Tutorin oder auch Mentorin genannt. Sie ist für die Begleitung des Praktikums verantwortlich und sorgt gleich zu Beginn der fachpraktischen Ausbildung für ein Treffen der Ausbildungsbegleiterinnen, bei dem schon alle Fragen zum Praktikum geklärt werden können. Das erste Treffen zwischen Lehrkraft, Praktikantin und Ausbildungsbegleiterin muss sich deswegen nicht mehr mit Informationsfragen beschäftigen. Der Besuch der Lehrkraft sollte frühestens in der dritten Arbeitswoche erfolgen. Informationen, die im Vorfeld notwendig sind, und Absprachen, die bereits vor dem Praktikum getroffen werden, können im Rahmen eines Treffens der Ausbildungsbegleiterinnen in der Fachschule erfolgen. Die Praktikantin bereitet sich auf das Reflexionsgespräch vor, indem sie sich Notizen zum Ablauf und zum Inhalt macht, und hat alle Materialien zur Hand, die die Lehrkraft sehen möchte oder von denen die Praktikantin meint, dass sie von Bedeutung sind.

Nicht alle Reflexionsgespräche finden in der Praxiseinrichtung statt. Zunehmend mehr Fachschulen bieten auch im Rahmen der schulischen Ausbildung subjektorientierte Methoden wie zum Beispiel Coaching oder kollegiale Beratung an. Diese Verfahren ergänzen die Besuche in der Praxis und setzen weitere Schwerpunkte.

Das Gespräch in der Praxis sollte von der Praktikantin vorbereitet werden. Da es unter sechs Augen stattfindet, ist eine Moderation nicht notwendig. Einer Praktikantin, die sich bereits in der zweiten Phase der fachpraktischen Ausbildung befindet, und jeder, die es sich zutraut, steht es aber an, den Ablauf selbst in die Hand zu nehmen. Folgende Vorgehensweise hat sich bewährt:

1. Zielklärung (Was soll heute besprochen werden? Welchen Sinn hat das Gespräch? Woran kann ich als Praktikantin merken, dass das Gespräch für mich erfolgreich war?)
2. Welche Lernerfahrungen hat die Praktikantin gemacht? Wie schätzt die Praktikantin die Wirkung ihres Handelns ein?
3. Welche weiteren Entwicklungsaufgaben stehen an?
4. Welche Hilfen werden von wem benötigt?
5. Weitere Vereinbarungen werden getroffen.

Auch Ausbildungsbegleiterin und Lehrkraft äußern eigene Wünsche in Bezug auf die Planung des Gesprächs. Die Lehrkraft wird das Bedürfnis haben, sich nach dem Stand der Erledigung der schulischen Aufgaben zu erkundigen, und die Ausbildungsbegleiterin muss Gelegenheit erhalten, Rückmeldung aus ihrer Sicht zu geben. Auf folgende Aspekte und Fragen sollte sich die Praktikantin einstellen:

- Stellen Sie die Konzeption der Einrichtung vor und nehmen Sie Stellung dazu.
- Nehmen Sie Stellung zu den Bildungs- und Betreuungsaufgaben der Einrichtung in Hinblick auf den Bildungsplan und beschreiben Sie, welchen Anteil Sie übernehmen konnten oder in Zukunft übernehmen wollen.
- Schildern Sie, wie Sie Beziehungen zu den Kindern und zu den Erwachsenen aufgenommen haben. Treffen Sie eine Aussage darüber, ob es Ihnen gelungen ist, sich in die Kinder einzufühlen und sie zu akzeptieren.
- Bitte berichten Sie, inwieweit es Ihnen gelungen ist, Ziele umzusetzen und an Ihren Entwicklungsaufgaben zu arbeiten.
- Wo haben sich in den letzten Wochen für Sie besondere Herausforderungen ergeben?
- Welche Ziele wollen Sie in der nächsten Praxisphase erreichen?
- Was tun Sie, um diese Ziele zu erreichen?
- Welche Unterstützung brauchen Sie dafür?

Für alle Beteiligten sollte es selbstverständlich sein, dass die verabredeten Termine eingehalten werden. Das Gespräch sollte nicht im Gruppenraum stattfinden, sondern der Situation angemessen in einem Raum, in dem man auf großen Stühlen sitzen und ungestört reden kann. Kaffe, Tee, Wasser und ein paar Kekse sind nicht Bedingung, aber eine nette Geste. Die Praktikantin selbst sollte über die Sitzordnung entscheiden. Die folgende Anordnung hat sich als empfehlenswert herausgestellt:

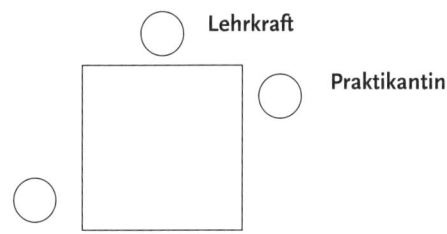

Auf diese Weise sitzt niemand dem anderen frontal gegenüber. In einer Gesprächssituation zwischen Vorgesetzter und Praktikantin ist es angenehmer, wenn nicht ständig direkter Blickkontakt besteht.

Schon in der Vorbereitung wird sichergestellt, dass das Gespräch protokolliert wird (ein Formblatt finden Sie auf S. 86). Die Lehrkraft führt das Protokoll und wird damit der Schule gegenüber ihre Tätigkeit legitimieren. Praktikantin und Ausbildungsleiterin erhalten eine Kopie des Protokolls und werden sich während des Gesprächs eigene Notizen machen.

Folgende Materialien sollten beim Besuch der Lehrkraft vorliegen:

- Das Praxisbegleitbuch/Lerntagebuch/Portfolio/Pädagogische Tagebuch
- Der Arbeitsplan
- Der Lernplan
- Eine Situationsanalyse
- Die schriftliche Planung eines Angebotes.

Der Besuch endet mit einer gemeinsamen Zielvereinbarung.

2.5 Reflexionsgespräche

Die Praktikantin hat ein Anrecht auf eine differenzierte Rückmeldung, die sie in die Lage versetzt, ihr Handeln

- aus einem anderen Blickwinkel zu sehen,
- zu überdenken und
- alternative Handlungsweisen in Betracht zu ziehen.

Reflexionsgespräche dienen in erster Linie dazu,

- eine positive Beziehung zwischen Ausbildungsbegleiterin und Praktikantin herzustellen,
- in einer freundlichen Atmosphäre gegenseitig Feedback zu geben,
- die Interessen und Ressourcen der Praktikantin zu entdecken und zu fördern,
- eigenverantwortliche Problemlösungen anzuregen,
- Konflikte ansprechen und bearbeiten zu können,
- das Engagement der Praktikantin zu stärken und zu fördern,
- Wertschätzung zu zeigen und zu ermutigen,
- weitere Entwicklungsmöglichkeiten aufzuzeigen,
- Ziele zu überprüfen und fortzuschreiben,
- Hilfestellung anzubieten,
- das gemeinsame alltägliche Erleben zu reflektieren,
- sich über die Belastbarkeit auszutauschen,
- methodisch-didaktische Anstöße zu geben.

Im Rahmen eines Reflexionsgesprächs gibt die Ausbildungsbegleiterin auch Rückmeldung über:

- Auftreten, Umgangston, Kleidung, Gesprächsverhalten, Körperhaltung, Mimik und Gestik der Praktikantin,
- den Umgang mit den Kindern, anderen Mitarbeiterinnen, dem nicht pädagogischen Personal und den Eltern,
- das Arbeitsverhalten.

Auch dieses Gespräch wird protokolliert. Dazu eignet sich ebenfalls das Gesprächsprotokoll aus dem Anhang. Sie können es aber auch bei einer einfachen Gesprächsnotiz belassen:

Gesprächsnotiz

Verabredungen: _____

_____

_____

_____

_____

_____

_____

_____

Gespräch hat stattgefunden am: _____

Beteiligt waren / Unterschrift: _____

Versäumen Sie es bitte nicht, die Verabredungen mit einem Datum zu versehen. Es muss deutlich werden, bis wann Vereinbarungen eingehalten werden müssen.

Techniken für das Reflexionsgespräch

Zuhören: Im Reflexionsgespräch erhält die Praktikantin den meisten Raum zum Sprechen. Sie startet mit ihrem Bericht, ihren Beobachtungen und Fragen. Die Ausbildungsbegleiterin hört zu, stellt Nachfragen und ermutigt die Praktikantin, eigene Lösungen zu finden.

Lösungen suchen: Es ist nicht immer einfach, die Ursachen für Probleme zu finden. Dennoch sollten Sie gemeinsam mit der Praktikantin erforschen, welche Ursachen hinter dem Problem stehen (vielleicht sind es ganz andere, als Sie zunächst angenommen haben). Erst wenn Sie die tatsächliche Ursache eines Problems kennen, kön-

nen Sie die Praktikantin bitten, an der Lösung zu arbeiten. Sie können Impulse geben, die Lösung sollte aber von der Praktikantin kommen.

Lösungsschritte formulieren: Die Praktikantin erarbeitet kleine erste Schritte (Maßnahmen), die helfen, das Problem in den Griff zu bekommen. Ihre Aufgabe ist es, Nachfragen zu stellen, Impulse zu geben und auch immer einmal wieder nachzufragen, was aus den Planungsschritten zur Lösung des Problems geworden ist. Auf Ihre Ratschläge sollte die Praktikantin zunehmend verzichten können (je nach Alter und Ausbildungsstand).

Lernzielkontrolle: Als Ausbildungsbegleiterin sollte es Ihnen am Herzen liegen, dass die Ausbildungsziele eingehalten werden. Deswegen ist es notwendig, dass Sie regelmäßig Gespräche führen und sich immer erkundigen, wo die Praktikantin jetzt „steht" und in wie weit sie ihre Ziele umsetzen konnte bzw. was sie daran gehindert hat, sie umzusetzen. Gerade dann, wenn Sie sehr viel nachfragen müssen, ist es wichtig, dass Sie der Praktikantin gegenüber große Wertschätzung zeigen.

Zu den Standards von erfolgreichen Reflexionsgesprächen hat sich eine Expertin für die fachpraktische Ausbildung, Katrin Kogel, folgendermaßen geäußert:

„Sicherlich ist jede von uns bestrebt, Gespräche, insbesondere die der Reflexion, bestmöglich zu gestalten. Als elementar erachte ich persönlich eine positive Grundhaltung, die Kommunikation zwischen Praktikantin und Praxisanleiterin bzw. Betreuungslehrerin wahrheitsgetreu und konstruktiv zu gestalten.

Folgende Maximen bezeichne ich als basal für eine gelungene Reflexion:

1. Der Ton macht die Musik.
2. Erst die korrekte Beziehungsebene ermöglicht konstruktive Reflexion.
3. Aktivitäten von Praktikantinnen dürfen durchaus ‚fehlschlagen‘ – werden im gemeinsamen Reflexionsgespräch Knackpunkte erkannt und Alternativen entwickelt, bedeutet dies ein hohes Maß an Professionalisierung.
4. Die Praktikantin bestimmt, inwiefern sie bereit ist, mögliche Alternativen zu erproben und den entsprechenden Erfolg zu bewerten und in ihre pädagogische Arbeit zu integrieren.
5. Es geht in Praktika nicht darum, perfekt zu sein, sondern um die Bereitschaft, sich im Sinne von Professionalisierung zum Wohle unserer Kinder zu verändern.“

2.6 Grundsätze für die Beratung

Ob ein Praktikum erfolgreich verlaufen wird, hängt von zahlreichen Faktoren ab. Die Ausbildungsbegleiterin kann jedoch viel zum Gelingen beitragen, indem sie

- eine unterstützende, vertrauensvolle und zum Lernen motivierende Haltung der Praktikantin gegenüber zeigt,
- Geduld aufbringt und Fehler der Praktikantin als Chance zur Weiterentwicklung betrachtet,
- eine druck- und angstfreie Atmosphäre schafft,
- Mut macht,
- konstruktiv mit Konflikten umgeht,
- keine Lösungen vorgibt, sondern Fragen stellt,
- erwachsenengerechte Methoden verwendet.

Methoden

Die Schlüsselfrage

Als Schlüsselfrage wird die Frage bezeichnet, die den Kern eines Problems kennzeichnet.

Das Resonanzgespräch

Kleine Impulse können große Wirkung haben. Wer schon einmal durch eigene Kraft eine kleine Brücke zum Schwingen gebracht hat, weiß das. Im Resonanzgespräch reflektiert die Praktikantin ihr Tun, akzeptiert, dass sie selbst ihr Handeln weitgehend bestimmt, übernimmt Verantwortung dafür und unterbricht den Verstärkungskreislauf. Um beim Bild der schaukelnden Brücke zu bleiben: Sie hält inne, klärt auf, warum die Brücke schwingt und bricht das Schwingen ab. Die Praktikantin überlegt, was sie anders machen kann und beobachtet, was sich dann verändert. Die Ausbildungsbegleiterin beteiligt sich an dem Resonanzgespräch, indem sie Nachfragen stellt und zum Weiterdenken ermutigt.

Das Optionskartenspiel

Das Optionskartenspiel hilft dabei, im Team und mit der Praktikantin gemeinsam ins Gespräch zu kommen, sich über die Bedeutung des Praktikums auszutauschen, die unterschiedlichen Vorstellungen über Ausbildungsbegleitung zu klären und ein gemeinsames Bild von den Erwartungen zu entwickeln.

Wenn Sie das Spiel zu zweit – als Ausbildungsbegleiterin und Praktikantin – spielen möchten, gehen Sie wie folgt vor: Jede erhält einen Schnippelbogen und zehn Minuten Zeit, um zehn Karten (s. S. 93) auszuschneiden, deren Inhalt für das Praktikum die größte Bedeutung hat. Es gibt auch leere Felder, die Sie selbst ausfüllen können.

Anschließend setzen Sie sich zusammen, legen Ihre 20 Karten in die Tischmitte und einigen sich auf die sechs bedeutsamsten Karten. Das soll nach ausführlicher Diskussion geschehen. Setzen Sie dann die Aussagen in einem gemeinsamen Plakat um, das Sie im Besprechungsraum aushängen.

Das Optionskartenspiel kann auch als Teamspiel gespielt werden:

▨ Jedes Teammitglied (inkl. Praktikantin) erhält einen Schnippelbogen und schneidet die sechs wichtigsten Aussagen zum Thema Praktikum aus.
▨ Drei bis vier Kolleginnen setzen sich nun zusammen, stellen sich gegenseitig die ausgewählten Karten vor, begründen ihre Auswahl und einigen sich dann auf sechs gemeinsam favorisierte Karten.
▨ Die Gruppen fertigen ein Plakat an, auf dem das Ergebnis grafisch dargestellt wird.
▨ Die Gruppenergebnisse werden präsentiert, die Auswahl wird begründet.

Vorschläge für Statements zum Optionskartenspiel finden Sie im Anhang auf Seite 93.

Mind-Mapping
Sie zeichnen auf ein großes Plakat eine Art Strukturbaum oder Gedankenlandkarte mit verschiedenen Zweigen und Verästelungen. Das Hauptthema steht in der Mitte. Von dort aus werden die Nebenthemen entwickelt. Auf diese Weise können Sie ein relevantes Thema strukturieren (Siehe S. 89).

Kollegiale Beratung
Kollegiale Beratung nennen wir ein systematisches Beratungsgespräch, in dem Kolleginnen sich nach einer vorgegebenen Gesprächsstruktur wechselseitig zu beruflichen Fragen und Schlüsselthemen austauschen und gemeinsam Lösungen entwickeln. Die Form der kollegialen Beratung wird in Schulen und in pädagogischen Einrichtungen praktiziert, damit

▨ möglichst viele Mitarbeiterinnen an der Bearbeitung der Themen und „Fälle" partizipieren können,
▨ verschiedene Sichtweisen zur Sprache kommen,
▨ eingefahrene Handlungsmuster sichtbar werden und verlassen werden können,
▨ Führungs- und Arbeitsstile auf den Prüfstand gebracht werden können,
▨ die „Fallgeberin" Unterstützung in schwierigen Situationen erhält,
▨ ein regelmäßiger Austausch gesichert ist,
▨ der Zusammenhalt der Mitarbeiterinnen gestärkt wird,
▨ die Beteiligten lernen, wie unterschiedliche Meinungen produktiv diskutiert werden können.

Kollegiale Beratung kann in Gruppen von sechs bis neun Teilnehmerinnen stattfinden. Die Mitarbeiterinnen (inkl. Praktikantin, die dann nicht mehr ausschließlich auf die Ausbildungsbegleiterin angewiesen ist) tragen Schlüsselfragen aus der Praxis, Probleme und „Fälle" vor. Hier vier Beispiele für mögliche Praxisfragen und „Fälle":

„Eine Kollegin (nicht die Ausbildungsbegleiterin) hat ständig neue Aufgaben für mich. Ich beaufsichtige ihre Gruppe, während sie einen Einkauf tätigt; ich bereite den Frühstückswagen für ihre Gruppe vor, ich räume ihren Funktionsraum auf und kümmere mich um ein Kind, das aus der Gruppe genommen wurde. Wie kann ich mit ihr über diese Situation ins Gespräch kommen?"

„Ich möchte in nächster Zeit gerne mein Projekt durchführen. Bisher bekomme ich wenig Unterstützung dafür von den Kolleginnen. Sie haben ein ganz anderes Projektverständnis als ich. Wie kann ich den Auftakt so gestalten, dass ich mein Projekt durchführen kann, die Kolleginnen mich unterstützen und ich nicht als Besserwisserin dastehe?"

„Ich habe ein Bezugskind, das sehr schwierig ist. Eigentlich fühle ich mich mit dessen Betreuung überfordert. Ich traue mich nicht, das der Ausbildungsbegleiterin gegenüber zu äußern. Sie stellt hohe Anforderungen und ist dann vielleicht enttäuscht von mir."

„Ein knapp viereinhalbjähriges Mädchen ist sehr aggressiv. Wenn die Ausbildungsbegleiterin nicht anwesend ist, tritt, beißt und bespuckt es die anderen Kinder. Wenn ich eingreife, greift das Mädchen auch mich an. Was kann ich tun?"

Kollegiale Beratung findet in sechs Phasen statt:

1. Casting – Hier werden folgende Rollen besetzt:

- Moderator
- Fallerzähler
- Kollegiale Berater (das können alle anderen Teilnehmerinnen der Beratung sein oder zwei bis drei ausgewählte Personen)
- Protokollant.

2. Spontanerzählung – Die Fallerzählerin berichtet innerhalb von zehn Minuten über ihren „Fall" oder eine Situation aus dem Praktikum, die sie bewegt. Die Anwesenden – Kolleginnen, wenn die Beratung im Team erfolgt; Mit-Studierende, wenn die Beratung in der Fachschule stattfindet – können Verständnisfragen stellen. Die Moderatorin stellt fokussierende Fragen. Die kollegiale Beraterin hält sich noch zurück.

3. Schlüsselfrage – Die Moderatorin arbeitet jetzt mit der Fallerzählerin die Schlüsselfrage heraus: Um was geht es wirklich? Was möchte die Fallerzählerin von der kollegialen Beraterin tatsächlich wissen? Was ist das Kernziel der Beratung? Gestaltet sich die Suche nach der Schlüsselfrage als schwierig, kann die Gruppe durch gezieltes Nachfragen helfen.

4. Methodenwahl – Jetzt gilt es, die Schlüsselfrage zu bearbeiten. Dazu bieten sich unterschiedliche Methoden an. Einige davon finden Sie im Anhang in der Methodenkiste auf Seite ... finden. Die Moderatorin bietet mehrere Methoden an, die Fallerzählerin wählt eine aus. Als Methoden könnten sich eignen:

Die Kopfstand Methode: die Schlüsselfrage „umdrehen" und aus dieser neuen Perspektive betrachten.

Brainstorming = „Gehirnsturm": alle Gedanken auf Kärtchen schreiben, sortieren, auf Brauchbarkeit prüfen und bewerten.

Fliegenperspektive: „Die Fliege an der Wand" betrachtet das Problem und äußert sich aus ihrer Sichtweise dazu.

Kreislauf der Kollegialen Beratung

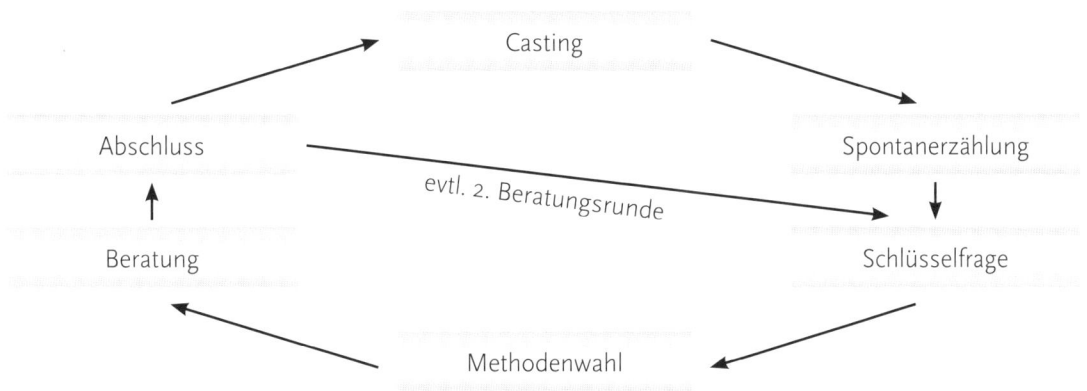

55

5. Beratung – Die kollegialen Beraterinnen erhalten nun Gelegenheit, sich beratend zum „Fall" zu äußern. Die Fallerzählerin hört zu, lässt die Beiträge auf sich wirken und äußert sich zunächst nicht. Die Moderatorin ist jetzt gleichzeitig Zeitwächterin und achtet darauf, dass die jeweiligen Beraterinnen nur einen Beitrag abliefern.

6. Abschluss – Die Fallerzählerin wird nun von der Moderatorin aufgefordert, sich zu den Beratungen zu äußern. Sie kann entscheiden, ob sie Ratschläge umsetzen möchte, welche sie für bedenkenswert hält, über welche sie noch nachdenken muss. Sie bedankt sich für die Hilfe der Beraterinnen. Die Moderatorin holt ein Feedback zur Abschlussrunde ein. Die Rollen können nun gewechselt und eine neue Beratungsrunde kann eingeläutet werden.

Regeln und Tipps für die Beratung

Machen Sie Entscheidungen und Arbeitsziele transparent: Niemand lässt sich auf der Arbeitsebene gerne von Entscheidungen überraschen. Die Praktikantin muss die Ziele der Einrichtung, Ihre Erwartungen an sie und die Begründung für Ihre Entscheidungen kennen. Nur so kann sie die Erwartungen erfüllen und mit Freude oder zumindest Akzeptanz arbeiten.

Sorgen Sie dafür, dass Ihre Entscheidungen berechenbar sind: Die Praktikantin muss sich auf Ihr Wort verlassen können. Sie muss sicher sein, dass sie nicht für ein einmal verlangtes Verhalten plötzlich sanktioniert wird. Sie benötigt Sicherheit, Gerechtigkeit und einen fairen Umgang.

Gehen Sie mit Fehlern (auch den eigenen) offen um: Sie sind eine erfahrene Pädagogin und sind sich Ihrer Sache meistens und berechtigterweise sicher. Dennoch ist es möglich, dass Sie einmal zu schnell, zu unbedacht oder vielleicht zu emotional reagiert haben. Das ist kein Problem, wenn die Sache offen angesprochen wird. Betrachten Sie Fehler als Lernchance.

Und auch die Praktikantin hat das Recht, Fehler zu machen. Sie befindet sich in einem Stadium, in dem es noch viel auszuprobieren gilt. Sie kann nur an Sicherheit und Entscheidungsfreiheit gewinnen, wenn sie keine Angst davor haben muss, Fehler zu machen. Sind Fehler aufgetaucht, fragen Sie sich: Was können wir tun, um den Schaden zu beheben? Wie können wir solche Fehler künftig vermeiden? Warum ist mir dieser Fehler unterlaufen? Weshalb habe ich, hat die Praktikantin keine andere Lösung gewählt? Was kann ich, was können wir tun, um nicht noch einmal in die „Fehlerfalle" zu laufen?

Bedenken Sie im Voraus, welche Konsequenzen bestimmte Entscheidungen nach sich ziehen: Antizipatorisches Überprüfen einer Entscheidung verhindert so manchen Fehler. Wenn Sie die Reaktion Ihrer Praktikantin auf bestimmte Entscheidungen und Anforderungen mitbedenken, wird Ihnen vielleicht manchmal im Vorwege klar, dass eine Über- oder Unterforderung vorliegt, die Praktikantin eine Entscheidung eventuell auch schon allein treffen kann oder eine intensivere Absprache notwendig ist.

Zeigen Sie Toleranz gegenüber Ansichten, die von Ihren eigenen abweichen: Auch in einer relativ homogenen Einrichtung wird es unterschiedliche Ansichten geben. Wenn dann noch eine Praktikantin dazukommt, die einer anderen Altersgruppe angehört, einen anderen sozialen Hintergrund hat und sich im Berufsfeld noch nicht ausgiebig orientieren konnte, dann ist abzusehen, dass es unterschiedliche Sichtweisen geben wird. Das hat auch mit der Rolle zu tun, in der sich die Praktikantin vielleicht noch nicht sicher fühlt, oder das Gefühl hat, zwischen allen Stühlen zu sitzen. Vielleicht ist ihr auch die Ablösung vom Elternhaus noch nicht gelungen oder sie muss sich gerade mit erstem Trennungsschmerz herumschlagen.

Verlieren Sie die Bodenhaftung nicht: Zu Beginn des Praktikums starten häufig alle Beteiligten ganz euphorisch. Das Gefühl ist aber nicht über Wochen durchzuhalten. Seien Sie also realistisch. Die Praktikantin ist auch nicht jeden Tag in Hochform und Ihre Erwartungen nach einem Erstgespräch und ein paar Hospitationstagen waren vielleicht doch ein wenig zu hoch. Muten Sie der Praktikantin nicht zuviel zu.

Meiden Sie Kommunikationsfehler: Befehle, Drohungen, Moralisieren, Predigen, Vorträge halten, Spott und Sarkasmus, vorgefertigte Lösungen gehören nicht in ein Beratungsgespräch.

Lösen Sie Konflikte konstruktiv: Konflikte gehören zur Zusammenarbeit. Sie führen dazu, dass Menschen miteinander reden, ihre unterschiedlichen Positionen deutlich machen und einen gemeinsamen Weg zur Lösung finden. Kommt es zu einem Konflikt, sollten auch Sie der Praktikantin, soweit das möglich ist, entgegenkommen. Finden Sie eine Lösung, die in erster Linie dem Wohl der Kinder dient.

2.7 Vom Umgang mit Konflikten

„Nur ein Streit ohne Sieger ist ein gewonnener Streit." Konflikte gehören zum menschlichen Zusammenleben. Auch das Arbeitsleben ist ohne Konflikte nicht denkbar. Es gibt eine sehr große Bandbreite an Konfliktherden. Das kann der Stolperstein sein, der auf meinem Weg liegt und von dem ich vielleicht vermute, dass er mir in den Weg gelegt worden ist. Das kann eine Zwickmühle sein, in die ich geraten bin, die Folge unbedachten Handelns oder der massive Konflikt zwischen Streitparteien.

Das Tückische an Konflikten ist, dass sie schleichend entstehen. Wenn nicht die ersten Anzeichen wie die Abkühlung des Verhältnisses, das Vermeiden von Blickkontakten etc. wahrgenommen werden und nicht schnell ein Gespräch ge-

Ein Konfliktwertequadrat, wie es in der Praxis häufig vorkommt

Ausbildungsbegleiterin ←——→ **Praktikantin**

Sie zeigt möglicherweise:

- Routine
- Hohe Fachkompetenz
- Einfühlungsvermögen
- Geduld
- Innovationsresistenz
- Beharrungsvermögen
- Zielstrebigkeit
- Hohes Reflexionsniveau

Sie zeigt möglicherweise:

- Ein hohes Maß an Innovationswillen
- Begeisterung
- Ungeduld
- Wille zur Veränderung um der Veränderung willen
- Spontaneität
- Noch nicht ausgeprägte Reflexionsfähigkeit

Erstarrung:
Alles bleibt beim Alten und „Bewährten", nichts ändert sich!

Überforderung:
Es kann sich doch nicht alles ändern!

57

führt wird, kann es tatsächlich zu verhärteten Fronten kommen, die nur schwer zu bearbeiten sind. Nicht jeder Konflikt lässt sich durch einen Kompromiss lösen, und nicht jeder Kompromiss ist befriedigend. Ein Konflikt liegt dann vor, wenn Menschen

■ eine Sachlage unterschiedlich bewerten,
■ abweichende Standpunkte vertreten, die nicht miteinander vereinbar sind,
■ auf ihrer Sichtweise beharren,
■ unterschiedliche Werte und Ziele haben,
■ einen Rollenkonflikt haben,
■ sich nicht auf derselben Gesprächsebene befinden (Sach- und Beziehungsebene werden vermischt),
■ eine Sachlage unterschiedlich wahrnehmen,
■ differente Positionen haben und nicht thematisieren,
■ das Trennende in den Vordergrund der Betrachtungsweise stellen,
■ keine ausreichende Distanz zueinander haben,
■ die Kommunikation nicht offen und aufrichtig führen.

Auch wenn unterschiedliche Konstellationen aufeinandertreffen und diese nicht geklärt werden, kommt es unweigerlich zu Konflikten, wie das Wertequadrat auf Seite 57 zeigt.

Die unterschiedlichen Ausgangslagen, die unausgesprochenen „Werte" führen häufig zum Konflikt zwischen Ausbildungsbegleiterin und Praktikantin. Wichtig ist, dass die Problematik gesehen und thematisiert wird. Es gibt unterschiedliche Modelle, die dazu geeignet sind, Konflikte zu bearbeiten:

Modell 1 nach Gordon: Konflikte lösen statt vermeiden

Analysieren

1. Schritt: Das Problem fokussieren: Worum geht es genau?
2. Schritt: Ursachen analysieren: Warum ist das so?

Bearbeiten

3. Schritt: Ziele festlegen und gewichten: Was soll erreicht werden?
4. Schritt: Alternativlösungen finden: Wie könnte die Lösung sein?

Beurteilen

5. Schritt: Lösungsalternativen bewerten: Was ist das Beste?
6. Schritt: Entscheiden und begründen: Warum dieser Vorschlag?

Kontrollieren

7. Schritt: Auswirkungen berücksichtigen: Was sollte nicht passieren?
8. Schritt: Lösung umsetzen und beurteilen: Wie ist das Problem gelöst?

Modell 2 nach Rauen & Steinhübe: Das 7-Schritte-Modell der Beziehungsklärung

Dieses Modell unterscheidet sich von der offenen Konfliktlösung nach Gordon dadurch, dass hier die **Beziehung** zur Praktikantin im Vordergrund steht. Im Verlauf des Gesprächs wird immer wieder dazu aufgefordert, die eigene Wahrnehmung zu überprüfen. Dies kann dazu führen, dass Sie erkennen, in welchem Maß Sie Dinge gefiltert oder eigene Themen auf Ihre Praktikantin projiziert haben.

1. Schritt: Erlaubnis einholen

Ich würde gerne etwas mit dir / Ihnen klären. Wann ist ein guter Zeitpunkt dafür?

2. Schritt: Wahrnehmung mitteilen

Ich sehe / höre .... (genaue Beschreibung der zu klärenden Situation). Ist meine Wahrnehmung richtig?

3. Schritt: Interpretation mitteilen

Ich interpretiere / beurteile ... die Situation wie folgt ...

4. Schritt: Überprüfung vornehmen

Ist meine Interpretation richtig?

5. Schritt: Gefühl ausdrücken

Ich fühle mich dadurch ... (z. B. näher / distanzierter / unterlegen / überlegen)

6. Schritt: Absicht erkennen lassen

Meine Absicht ist ... (z. B. die Situation zu klären, eine bessere Zusammenarbeit zu erreichen)

7. Schritt: Aktion vorschlagen

Ich schlage vor ... (Was möchten Sie durch die Klärung ändern? Hier sind konkrete Vorschläge zu unterbreiten.)

Modell 3: Ein Konflikt – fünf Lösungen

Jede Konfliktpartei notiert fünf Lösungswege auf fünf Karten. Jede Karte enthält eine Lösung für den Konflikt. Dabei achten beide Parteien darauf, nur Lösungen für die eigene Person zu formulieren: „Ich kann zur Konfliktlösung beitragen, indem ich ..."

Es ist ausdrücklich erlaubt, ungewöhnliche Lösungen zu finden. Alle zehn Konfliktlösungsvorschläge werden gemeinsam besprochen, bewertet und nach Möglichkeit per Vertrag ausgehandelt und vereinbart.

Modell 4: Professionelles Coaching von außen

Manche Konflikte lassen sich nicht gut intern lösen. Scheuen Sie sich nicht, einen Coach von außen hinzuzuziehen. Beim Coaching wird nicht lange nach den Ursachen geforscht, sondern das Problem relativ zügig und methodisch geschickt bearbeitet. Das sollte dann so aussehen:

Hilfestellungen zur Konfliktbewältigung nach Stangl – Taller

1. **Erregung kontrollieren:** Der andere kann kritisiert werden, es ist ihm aber als Person Respekt und Achtung zuzusichern. Bleibe auf der Sachebene.

2. **Vertrauen herstellen:** Offenbare dich selbst, zeige deine Gefühle und schone somit den anderen.

3. **Kommuniziere offen,** beachte dabei:
   Situation: Ist der Ort günstig? Steht genügend Zeit zur Verfügung? Will ich mir die Zeit nehmen? Soll eine dritte Partei hinzugezogen werden? (Dies ist dann zu empfehlen, wenn sich eine Seite hoffnungslos unterlegen fühlt, nicht weiß, wie sie den Konflikt anpacken soll, von sehr starken Gefühlen beherrscht wird wie Angst oder Wut.)
   Wahrnehmung: Keine diffusen Vermutungen äußern, sondern beobachtbare Ereignisse und nachprüfbare Fakten in die Argumentation einbauen.
   Gefühle: Eigene Gefühle ansprechen.
   Einstellungen: Vorteile eines kooperativen, Nachteile eines konkurrierenden Konfliktaustrags besprechen, an die Selbstachtung der anderen Partei appellieren.

4. Problem lösen: Ist das Problem verständlich und klar definiert oder gibt es mehrere Problemdefinitionen? Werden sowohl die sachlichen als auch die persönlichen Aspekte des Problems berücksichtigt? Haben sich die Parteien die Zeit genommen, alle notwendigen Informationen zu sammeln und auszutauschen? Sind die Zielvorstellungen der Parteien allen klar und verständlich? Sind die Parteien bereit, verschiedene Lösungsvorschläge zu bearbeiten? Sind die Parteien bereit, nach einer gemeinsamen Lösung zu suchen? Herrscht Übereinstimmung über die Präferenzen bei der Bewertung einer Lösung? Wird bei der Entscheidung über eine Lösung berücksichtigt, ob sie neuartig ist, Kompensation enthält oder Kompromisse zulässt? Sind alle Beteiligten bereit, die Entscheidung zu akzeptieren und zu tragen?

Ziele des Konfliktbearbeitungsmodells

(Aus: Königswieser/Patak 1999, S. 93)

5. **Persönlich verarbeiten:** Der Konflikt ist erst dann bereinigt, wenn alle betroffenen Personen sagen können, dass sie mit der getroffenen Vereinbarung leben und arbeiten können und keinen Konflikt mehr empfinden.

Grundsätze der Konfliktlösung

- **Sich gegenseitig respektieren:** Verzichten Sie darauf, Macht auszuüben oder Überlegenheit zu demonstrieren. Senden Sie Ich-Botschaften und hören Sie Ihrem Konfliktpartner genau zu.
- **Sprechen Sie alle Punkte an, die zu Missverständnissen geführt haben:** Denken Sie auch über Ihre eigenen Anteile an der Auseinandersetzung nach, überprüfen Sie Ihre Motive und Ihre Einstellungen.
- **Versuchen Sie, einen möglichst großen Konsens herzustellen:** Man muss nicht immer einer Meinung sein, kann aber aufeinander zugehen. Das kann gelingen, wenn beide Konfliktparteien Zugeständnisse machen und nicht glauben, alleine das Recht auf die richtige Lösung zu haben. Weisen Sie auch niemals Schuld zu, sondern drücken Sie Ihre Empfindungen aus. Trauen Sie auch Ihrem Gegenüber zu, eine vernünftige Lösung präsentieren zu können. Bedenken Sie immer mit, was Sie selbst tun können, um den Konflikt zu beenden.
- **Die Verantwortung teilen:** Der Konflikt ist ein gemeinsames Problem, das Sie auch gemeinsam lösen sollten. Formulieren Sie dafür ein gemeinsames Ziel. Und denken Sie immer daran: Nur was ausgesprochen ist, kann auch geklärt werden.

Noch besser wäre es, eine Art „Frühwarnsystem" zu entwickeln und Indikatoren für konflikthafte Situationen im Vorfeld wahrzunehmen und darauf zu reagieren. Indikatoren für konflikthafte Situationen können sein:

- Ungewissheit: Ich habe keine Ahnung, was von mir erwartet wird. Welche Folgen wird mein Handeln haben?
- Fremdheit: Ich muss mich mit etwas völlig Neuem auseinandersetzen, dadurch fühle ich mich bedroht. Das Neuartige überzeugt mich nicht, es macht mich unsicher.
- Zweifel: Irgendetwas stimmt nicht mehr mit meinen bisherigen Erfahrungen überein. Ich bin doch gut! Warum akzeptiert der andere das nicht. Werden meine Leistungen eigentlich gesehen?
- Gegensatz: Unsere Standpunkte sind scheinbar völlig unterschiedlich. Unsere Haltung gegenüber den Kindern ist nicht deckungsgleich. Unsere Einschätzung von Sachverhalten unterscheidet sich. Wir setzen unterschiedliche Prioritäten bei der Zielfindung.
- Überraschungen: Wieso weiß ich von dem Vorhaben eigentlich nichts? Warum stellt der andere jetzt das Programm um?

2.8 Tipps für die Praktikantin

2.8.1 Verantwortung für den Ausbildungsabschnitt übernehmen

In erster Linie trägt die Praktikantin selbst die Verantwortung für ihre Ausbildung. Sie hat zwar noch viele Fragen, ist vielleicht auch noch unsicher, aber sie ist auch erwachsen und hat ganz bewusst einen verantwortungsvollen Beruf gewählt. Sie hat den Ehrgeiz, eine gute Sozialpädagogische Assistentin oder Erzieherin zu werden und einen Arbeitsplatz in einer passenden Einrichtung zu finden. Dafür muss sie etwas tun. Die Lehrkräfte an ihrer Ausbildungsstätte und ihre Ausbildungsbegleiterin werden sie dabei unterstützen, aber sie tragen nicht die Verantwortung für das Lernen der Praktikantin.

Es ist die Aufgabe der Praktikantin darüber nachzudenken, was sie schon gut kann, wo ihre Stärken liegen, wo sie noch Entwicklungsbedarf hat, was sie speziell in der Praxis gerne lernen und ausprobieren möchte und an welchen Stellen sie ihr Theoriewissen mit der Praxis verknüpfen will. Das gelingt nur, wenn die Praktikantin

- ihr eigenes Können selbstkritisch unter die Lupe nimmt,
- sich mit ihrer Lernbiografie und ihrer Berufswahlmotivation auseinandersetzt,
- sich regelmäßig Feedback einholt,
- sich traut, ihre Kompetenzen einzusetzen und auszuweiten,
- einen Lernplan aufstellt, indem sie Ziele festhält, Lernfortschritte und Lernbedarf formuliert.

Die Praktikantin sollte nicht darauf warten, dass Lehrkraft oder Ausbildungsbegleiterin ständig auf sie zukommen. Sie sollte sich trauen, kompetente Beratung, Rückmeldung und Zeit einzufordern. Wer gleichzeitig zwei Praktikantinnen zu betreuen hat und 24 Kinder „versorgen" muss, hat vielleicht nicht immer im Kopf, dass die Praktikantinnen unausgesprochene Bedürfnisse und Ansprüche haben könnten. Aber es ist ihr Recht, ihre Bedürfnisse einzufordern. Damit zeigt die Praktikantin auch, dass sie ein echtes Interesse am Beruf hat.

2.8.2 Ausbildungsschwerpunkte setzen

Die Praktikantin hat ein Kompetenzraster angefertigt und gesehen, dass es noch an einigen Stellen Entwicklungsbedarf gibt. Das ist völlig normal. Wäre sie in allen Bereichen kompetent, müsste sie weder eine Schul- noch eine fachpraktische Ausbildung absolvieren. Außerdem entdecken auch „Profis" immer wieder Entwicklungsbedarfe. Die Praktikantin kann also offen über ihren Entwicklungsbedarf sprechen. Das wird ihr niemand als Defizit auslegen – im Gegenteil: Wer im Rahmen des Praktikums vorgibt, bereits perfekt zu sein, hat eher schlechte Karten, weil das unglaubwürdig wirkt.

Vielleicht hat die Praktikantin auch ganz mutig festgestellt, dass es mehrere Kompetenzbereiche gibt, an denen sie noch arbeiten könnte. Innerhalb ihres Praktikums hat sie aber so viele Aufgaben zu bewältigen, so viel Neues zu erfahren, dass es unvernünftig wäre, sich zum Beispiel die komplette folgende Liste vorzunehmen: Ich will meine kommunikativen Fähigkeiten verbessern, konfliktfähiger werden, an meiner Toleranz arbeiten und meine Beobachtungsfähigkeit verbessern. Damit würde sie sich selbst überfordern. Die Praktikantin sollte sich lieber auf nur ein oder zwei Bereiche konzentrieren. Auf diese Weise behält sie die Übersicht und kann innerhalb von sechs oder zehn Wochen eine Fortentwicklung spüren. Wenn die Ausbildungsbegleiterin das Vorhaben kennt, kann sie auch immer wieder einmal zwischendurch Feedback geben: Wie sieht die Ausbildungsbegleiterin die Entwicklung der Praktikantin? Braucht die Praktikantin mehr oder weniger Begleitung?

Mithilfe einer Lernlandkarte kann die Praktikantin ihren Ausbildungsschwerpunkt strukturieren und für ein Gespräch mit der Ausbildungsbegleiterin sichtbar machen. Die untenstehende Grafik zeigt die Lernlandkarte einer Studierenden aus Hamburg, deren Schwerpunkt im Bereich „Hochbegabung" lag. Dieser Begriff wird auf der Hauptinsel eingetragen. Die kleinen Inseln benennen, welche dazugehörenden Bereiche sich die Studierende noch erschließen möchte und wer oder welche Institutionen ihr dabei behilflich sein können. Die abgebildete Lernlandkarte stellt ein Beispiel aus der Schule dar. Auf einer Lernlandkarte für das Praktikum wird auf dem Gebäude in der Mitte dann nicht „Schule", sondern „Kita" und auf der Hauptinsel vielleicht „Beobachtung" stehen.

Lernlandkarte

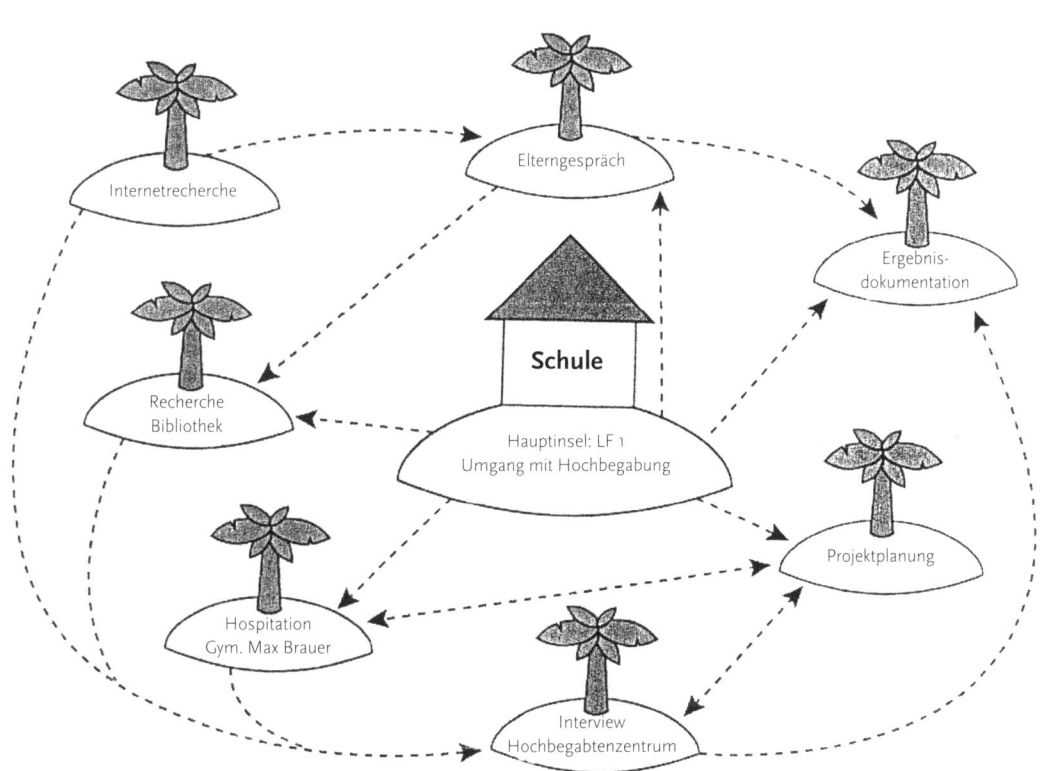

2.8.3 Nachdenken über die eigene Biografie

„Alles Lernen ist sich erinnern" (Platon). Biografie-arbeit bedeutet Rückschau auf prägende Erlebnisse zu halten, sich mit Erinnerungen auseinanderzusetzen. Dabei erinnern wir uns mithilfe von persönlichen Materialien wie Fotos und Poesiealben sowie biografischen Methoden an Menschen und Erlebnisse, die uns zu dem gemacht haben, was wir jetzt sind. Das Nachdenken über die eigene Biografie kann helfen,

- den jetzigen Standort zu erkennen,
- Prägungen zu verstehen,
- die Suche nach unentdeckten Potenzialen zu unterstützen,
- nach und nach über den Rückblick eine Neudefinition vorzunehmen.

Wer zurückblicken kann, kann auch die Fähigkeit zur Antizipation entwickeln. Das bedeutet die Fähigkeit, Zukünftiges gedanklich vorwegzunehmen. „Antizipation heißt intelligente Nutzung der Erinnerungen" (Pöppel 1998 in: http://www.heilpaedagogik-lotz.de/Text12.htm).

„Durch die eigenständige Aufarbeitung der individuellen Lebensgeschichte erfährt der Einzelne eine Persönlichkeitsentwicklung, die mit der Selbstständigkeit und Eigenaktivität einhergeht. (...) Außerdem hat biografische Arbeit eine hohe Relevanz für die Verarbeitung und Reflexion eigener Lebenserfahrung in gesellschaftlichen Kontexten. Die Beschäftigung mit dem eigenen Lebensweg, dessen Hinterfragen und ein Verständnis für Krisen und Entscheidungspunkte, ist immer eine sinnvolle Tätigkeit, um Orientierung zu finden. Die Methode des biografischen Arbeitens ist deshalb für alle Lerner auf jeder Altersstufe geeignet, um Unterstützung bei ihrer Entwicklung zu erfahren, um ihre Eigenständigkeit zu erhöhen, um aus einer gewissen Distanz auf sich und ihr Leben zu blicken, um Hilfestellungen für Situationen zu erhalten, in denen sie nicht weiter wissen, oder um

einfach ihre Lebensgeschichte konkreter zu erfassen und dadurch gegebenenfalls neue Möglichkeiten für ihr zukünftiges Handeln zu finden" (Gudjons/Pieper/Wagener 1986, S. 11 f.).

Entwicklungen sind niemals abgeschlossen, auch gibt es hier weder eine Vollständigkeit noch eine richtige Lösung. Demzufolge bedeutet Biografiearbeit nach Vogt „...die gezielte Arbeit am eigenen Lebensweg, wozu eine bewusste Auseinandersetzung mit den Hauptstationen, den Umwegen, den Brüchen und Hindernissen, den Neuanfängen, den Perspektiven und Zielen gehört. Biografiearbeit umfasst drei grundlegende Schritte: 1. das Betrachten des eigenen Lebenslaufes aus der Perspektive eines interessierten, aber distanzierten Beobachters, 2. das Erarbeiten eines eigenen Verständnisses für Zusammenhänge, Richtungen und Ziele der persönlichen Entwicklung, 3. Ansätze einer bewussten Gestaltung des weiteren Lebensweges" (Vogt 1996, S. 45).

Für Praktikantinnen kann Biografiearbeit deutlich machen, dass die selbst erfahrenen Erziehungsweisen häufig auf die zu Betreuenden projiziert werden (vgl. Gudjons/Pieper/Wagner 1986). Das unterliegt zunächst einmal keiner Bewertung, es kann aber in der Auseinandersetzung mit dem (vielleicht auch unbewussten) Verhalten zu Änderungsanstrengungen oder Relativierungen kommen. Zudem kann die Auseinandersetzung mit der eigenen Biografie dazu führen, dass man die Lernwege anderer besser versteht. „Um die individuellen Erfahrungen nicht in der Erziehung anderer als unreflektierte Übertragung mit einfließen zu lassen, ist es notwendig, dass jeder Lehrende den Prozess des biografischen Lernens durchläuft, sich mit seinen individuell gemachten Erfahrungen auseinandersetzt, diese überarbeitet und neu strukturiert" (http://www.dialogische-fachdidaktik.de/1.7BIOGRA%20L.pdf).

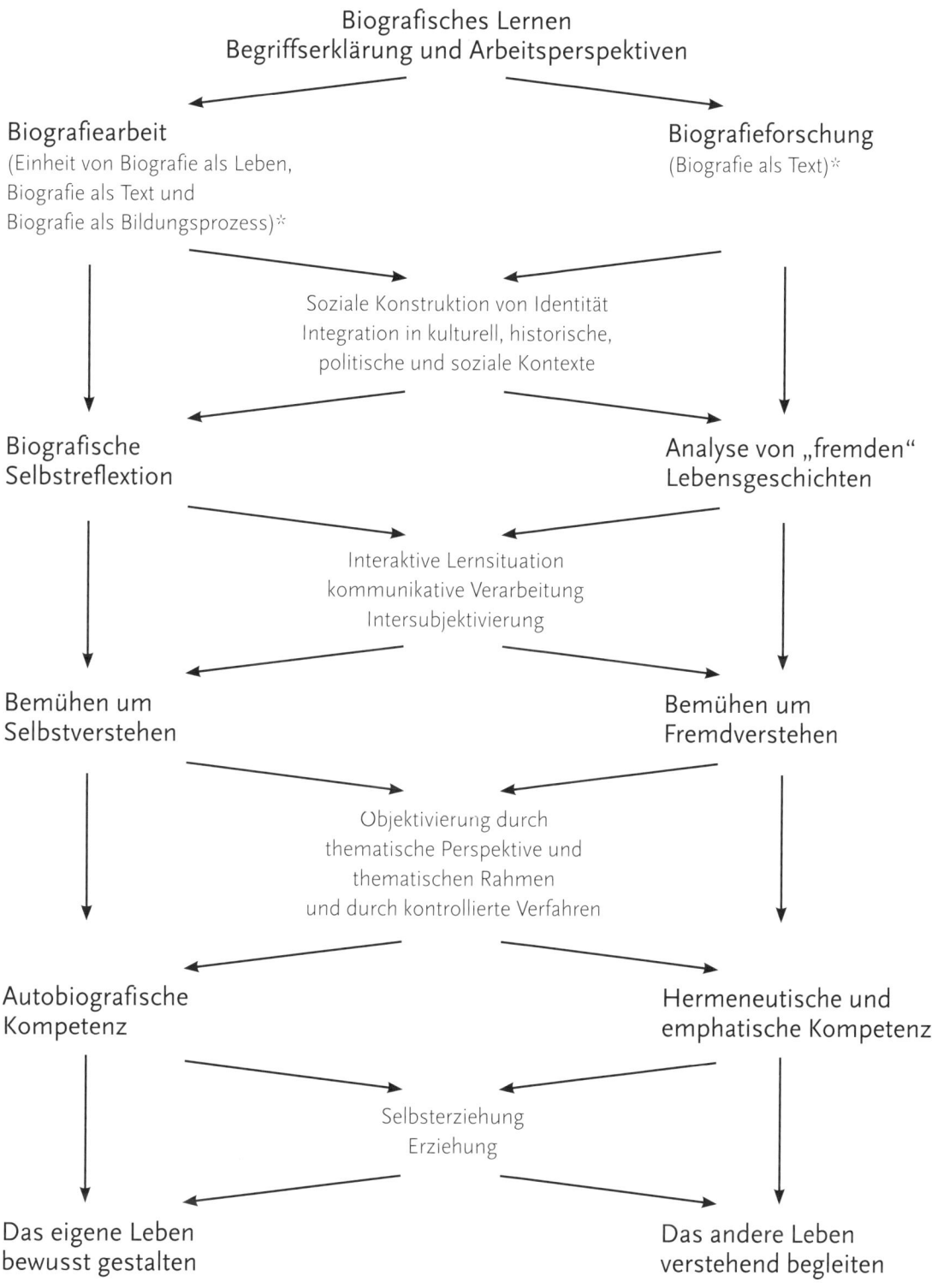

Biografisches Lernen
Begriffserklärung und Arbeitsperspektiven

Biografiearbeit
(Einheit von Biografie als Leben,
Biografie als Text und
Biografie als Bildungsprozess)*

Biografieforschung
(Biografie als Text)*

Soziale Konstruktion von Identität
Integration in kulturell, historische,
politische und soziale Kontexte

Biografische
Selbstreflextion

Analyse von „fremden"
Lebensgeschichten

Interaktive Lernsituation
kommunikative Verarbeitung
Intersubjektivierung

Bemühen um
Selbstverstehen

Bemühen um
Fremdverstehen

Objektivierung durch
thematische Perspektive und
thematischen Rahmen
und durch kontrollierte Verfahren

Autobiografische
Kompetenz

Hermeneutische und
emphatische Kompetenz

Selbsterziehung
Erziehung

Das eigene Leben
bewusst gestalten

Das andere Leben
verstehend begleiten

* Schulze 1996
(Quelle: http://www.dialogische-fachdidaktik.de/1.7BIOGRA %20L.pdf)

65

Methoden der biografischen Arbeit

Phasen der Kindheit

Im Rahmen dieser Methode stellen Sie dar, welche Menschen aus Ihrer Kindheit in verschiedenen Lebensphasen für Sie wichtig waren, Ihnen nahestanden oder weiter weg waren. Nehmen Sie sich ein DIN-A4-Blatt und malen Sie drei nebeneinander liegende große Kreise darauf. In den Kreisen steht jeweils das Wort „Ich". Die Kreise stellen jeweils ein Lebensalter dar, das Sie selbst auswählen. Nun schreiben Sie ganz spontan in jeden Kreis, um welchen Altersabschnitt es sich handelt und welche Personen zu diesem Zeitpunkt für Sie von Bedeutung waren. Machen Sie durch die Platzierung der Namen deutlich, wie nah oder fern Ihnen die Personen damals standen. Sie können auch kenntlich machen, wie die Personen zueinander stehen. Durch ein Plus- oder Minuszeichen machen Sie deutlich, wie die Qualität des Kontaktes von Ihnen eingeschätzt wird. Nehmen Sie sich für diese Übung etwa zehn Minuten Zeit und überlegen Sie dann:

- Welche Personen waren Ihnen nah und fördernd?
- Welche Personen waren eher fern und hindernd?
- Wer war für was von Bedeutung?
- Was haben Sie noch über sich und die anderen Personen erfahren?
- Könnten diese Erfahrungen Ihre berufliche Situation beeinflussen und wenn ja, wie?

Meine Kindheit

Schließen Sie die Augen und versetzen Sie sich in eine Zeit zurück, als Sie so alt waren wie die Kinder, mit denen Sie jetzt arbeiten. Sie sind fit, neugierig, kreativ und voller Tatendrang. Sie haben das Gefühl, dass es keine Grenzen gibt. Nun denken Sie an die Fragen, die Kinder in diesem Alter stellen, und beantworten Sie diese Fragen dann auch aus der Position eines zum Beispiel vierjährigen Kindes. Nehmen Sie sich für die Auseinandersetzung mit jeder Frage etwa fünf Minuten Zeit:

- Wie ist es mir ergangen, als ich ein Kind war?
- Was ist in meinem Kopf vorgegangen?
- Wie sind die Erwachsenen mit mir umgegangen, welche Antworten hatten sie für mich?
- Was kann ich aus dieser Übung für meine Praxis mitnehmen?

Wie verbringe ich meine Zeit?

„Das Ziel dieser Übung ist es, die Handhabung der individuellen Zeit deutlich herauszustellen und herauszufinden, wie es zu dieser Handhabung der individuellen aber auch gesellschaftlichen Zeitverwendung gekommen ist. Das Material, das für die Bewältigung dieser Aufgabe benötigt wird, ist etwas umfassender als sonst. Es müssen Stifte, vervielfältigte ‚Stundenpläne', eine Wandzeitung zu den verschiedenen Tätigkeiten, ein vervielfältigter Fragenkatalog, Papier für die Wandzeitung, Filzstifte und Klebeband organisiert werden. Die Übung beginnt damit, dass den Lernenden der vorbereitete Stundenplan ausgeteilt wird, und diese sich überlegen und in den Plan aufschreiben sollen, wie viel Zeit sie mit welcher Tätigkeit in der Vergangenheit verbracht haben. Um die Erinnerungen zu erleichtern und zu unterstützen, können einige Bereiche, wie zum Beispiel

- Schlaf
- Berufstätigkeit
- Hausarbeit
- Freizeit
- Hygiene

auf die Wandzeitung geschrieben werden. Es dürfen auch die eigenen Terminkalender als Gedächtnisstütze dienen. Für diesen Aufgabenschritt erhält jeder 20 Minuten Zeit. Danach wird der vorbereitete Fragenkatalog ausgeteilt, anhand dessen die Lernenden unter Schweigen ihren Zeitverwendungsplan noch einmal überprüfen sollen. Innerhalb von 15 Minuten sollen die Lernenden Fragen nachgehen und schriftlich festhalten, wie zum Beispiel: Welche Beschäftigungen nehmen den Hauptteil meiner Zeit ein? Welche den geringsten? Habe ich Phasen, die ich nur für mich nutze, oder ist alles verplant? Bin ich mit der Einteilung meiner Zeit zufrieden? Was soll sich ändern, und was kann ich dafür tun?

Die Auswertung erfolgt in einem Kleingruppengespräch, in dem jeder nacheinander seinen Plan der Gruppe präsentiert. Bei diesen Erläuterungen müssen auch die Fragen des Fragenkataloges berücksichtigt werden. Die zuhörenden Gruppenmitglieder sollen daraufhin äußern, was ihnen zu dem jeweiligen vorgestellten Zeitplan einfällt. Innerhalb dieser Kommunikation können gemeinsam Alternativen und Veränderungsmöglichkeiten für die Zeitverwendung gefunden werden und eventuell Antworten auf die Fragen gegeben werden" (Gudjons/Pieper/Wagener 1986, S. 196 f.).

Alternativ lassen sich vor allem Berufsvorstellungen zwischen „erwünscht" und „unbeliebt" thematisieren. Hierzu könnte statt des Stundenplanes eine Tabelle entwickelt werden, in der Ressourcen gesammelt, bestimmten erwünschten Berufen gegenübergestellt, auf ein Feld mit Lösungen (Was kann ich tun, um diesen Wunsch zu fördern?) und ein Gegenfeld (Welcher Beruf entspricht so gar nicht meinen Wünschen?) bezogen werden. In der Diskussion sollen die Gruppenmitglieder sich insbesondere dazu äußern, wie realistisch die Einschätzungen ausfallen und welche Seiten entwickelt werden müssen, um den Wünschen zu entsprechen.

Wenn Sie das Thema „Biografiearbeit" gerne vertiefen möchten, sind die folgenden Bücher geeignet:

- Ruhe, H.G. (2003): Methoden der Biografiearbeit. Lebensspuren entdecken und verstehen. 2. Auflage. Weinheim, Basel, Berlin.
- Gudjons, H. /Pieper, M./Wagener, B.(1986): Auf meinen Spuren. Das Entdecken der eigenen Lebensgeschichte. Hamburg.
- Baacke, D./Schulze, Th. (Hrsg.) (1993): Aus Geschichten lernen. Zur Einübung pädagogischen Verstehens. München.

3 Das Praktikum reflektieren und Abschied nehmen

Das letzte Drittel der fachpraktischen Ausbildung ist durch das nahende Ende des Praktikums geprägt. Es gilt, Rückschau zu halten, den Praktikumserfolg zu bewerten, Ziele für die nächsten Schritte zu planen und Abschied zu nehmen.

3.1 Das Abschlussgespräch

Das Abschlussgespräch ist ein besonderes Gespräch, denn die Situation hat sich für beide – Praktikantin und Ausbildungsbegleiterin – geändert. Sie haben Vertrauen zueinander gewonnen, die Ausbildungsbegleiterin empfindet die Praktikantin vielleicht inzwischen eher als Kollegin und ist froh, dass die Zusammenarbeit nicht mehr unter schulischem Druck und möglichen Anfängerfehlern leidet. In Gedanken ist die Ausbildungsbegleiterin vielleicht auch schon dabei zu überlegen, wer die an die Praktikantin delegierten Aufgaben nun übernehmen kann, oder ob die nächste Praktikantin sich ebenso gut machen wird. Dagegen ist die Praktikantin vielleicht schon längst „auf dem Sprung". Sie hat alle Aufgaben erledigt, empfindet keinen schulischen Druck mehr und denkt an die nächsten Ausbildungsschritte. Die Ausgangsbedingungen für ein gutes Abschlussgespräch sind also nicht unbedingt nur vorteilhaft – das muss beiden bewusst sein. Sie müssen sich noch einmal auf ein letztes Gespräch einlassen. Dabei geht es um

- einen Rückblick auf das geleistete Praktikum aus Sicht der Praktikantin,
- einen Blick auf die gestellten formalen Anforderungen (Pünktlichkeit, Krankmeldungen etc.),
- das Wahrnehmen von Stärken,
- die Reflexion in Bezug auf Entwicklungsaufgaben und Zielsetzung,
- besondere Herausforderungen und deren Bewältigung,
- persönliche Erfahrungen mit der pädagogischen Arbeit in der Kita,
- die Eignung für den Beruf.

Das Abschlussgespräch beinhaltet vier Aspekte:

- Selbstreflexion der Praktikantin
- Feedback der Ausbildungsbegleiterin für die Praktikantin
- Feedback der Praktikantin für die Ausbildungsbegleiterin
- Rückmeldung zur Beurteilung der Ausbildungsbegleiterin für die Praktikantin.

3.2 Selbstreflexion

Reflexion ermöglicht einen Zugang zu sich selbst, zwischenmenschlichen Beziehungen, sozialen und gesellschaftlichen Situationen, sei es durch die Auseinandersetzung mit eigenen und fremden Erfahrungen, sei es durch eine Auseinandersetzung mit einschlägiger Fachliteratur. Selbstreflexive Gespräche in der Gruppe tragen dazu bei, sowohl das eigene Denken, Handeln und Fühlen als auch dasjenige der Anderen besser wahrzunehmen und zu verstehen und mit Differenzen produktiv umzugehen. Die gemeinsame Arbeit in der Gruppe sensibilisiert beispielhaft für zwischenmenschliches Geschehen in der sozialen Berufsausübung und dient somit der Erweiterung psycho-sozialer Kompetenz.

Reflexionen beschäftigen sich mit

- der Wechselwirkung zwischen Theorie und Praxis,
- der Berufswahl- oder/und Arbeitsfeldentscheidung,
- den eigenen Rollen (Fremd- und Selbstwahrnehmung),
- den aus dem Praktikum gewonnenen Praxiserfahrungen und -beobachtungen,
- der Einschätzung der eigenen Professionalität,
- der kritischen Auseinandersetzung mit Inhalten und Methoden von Angeboten.

Eine Reflexion ist keine Schilderung eines Tagesablaufs, kein Erlebnisbericht und auch kein Vorlesen aus dem Lerntagebuch.

Die Selbstreflexion konnte wahrscheinlich bereits während der ersten Reflexionsgespräche erprobt werden. Sie muss nicht immer die ganze Bandbreite der aufgeführten Punkte enthalten, sondern kann sich auch auf wenige Aspekte der fachpraktischen Arbeit beziehen. Eine Fragestellung könnte lauten: Was war in diesem Praktikum eine besondere Herausforderung für mich und wie habe ich sie bewältigt? Die Praktikantin

- beschreibt die Situation,
- begründet, warum sie diese Situation als besondere Herausforderung empfunden hat,
- beschreibt, wie sie mit der Herausforderung umgegangen ist,
- bewertet das eigene Verhalten in der Situation,
- entwickelt alternative Handlungsmöglichkeiten.

Leitfragen zur Reflexion im Sinne der Themenzentrierten Interaktion (TZI)

TZI wurde in den 1950er-Jahren maßgeblich von Ruth C. Cohn entwickelt. Es handelt sich um eine Methode, die hilft, die Kommunikation in Gruppen zu verbessern und Verantwortung für das eigene Handeln zu übernehmen. Dabei werden die äußeren Einflüsse (ES / Globe), die eigenen Wünsche und Vorstellungen und das gemeinsame Interesse der Gruppe (Partner) berücksichtigt. TZI-Regeln haben als Auswertungs- und Besprechungsregeln bei Pädagoginnen und Pädagogen einen hohen Stellenwert. Die Leitfragen zur Reflexion im Sinne der Themenzentrierten Interaktion können lauten:

- Was ist das Neue, das Herausfordernde, das Wichtige, der Kern der Erfahrungen im Praktikum?
- Welche neuen Fragen ergeben sich daraus? Welche Möglichkeiten bieten sich? Welche Perspektiven ergeben sich?

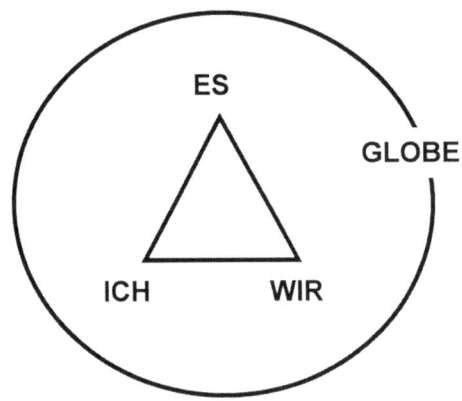

Globe (Umfeld/System):
Welche äußeren Einflüsse spielen eine Rolle?

Ich:
Was möchte ich erreichen, bewirken?
Wie beurteile ich meinen Lernprozess?

Wir:
Wie war unsere Zusammenarbeit?
Was hat mich beflügelt?
Haben wir uns gegenseitig gefördert?

Was war wichtig, was war neu?
Was hat mich behindert?

TZI-Regeln:
- Störungen haben Vorrang!
- Sei deine eigene Chairperson!
- Sei authentisch!
- Erläutere den Hintergrund deiner Fragen!
- Es spricht nur eine Person zur selben Zeit!
- Beachte deine Körpersignale!
- Sprich direkt!
- Sprich per „Ich"!

3.3 Feedback geben und nehmen

Das Feedback ist eine Gesprächsform, anderen etwas darüber zu sagen, wie ich sie sehe bzw. zu lernen, wie andere mich sehen. Feedback besteht daher aus zwei Komponenten: dem Feedback-Geben und dem Feedback-Nehmen. Jeweils am Ende einer Arbeitssitzung, einer Gruppenarbeit oder auch einer Präsentation kann dieser Austausch stattfinden, um aus konkreten Erlebnissen zu lernen und die Argumentationstechnik, das Auftreten in der Gruppe oder die Präsentationstechnik oder das Präsentationsverhalten zu verbessern. Feedback geben verbindet drei Zielsetzungen:

- Ich will meinen Gesprächspartner darauf aufmerksam machen, wie ich sein Verhalten erlebe und was es für mich bedeutet (im positiven wie im negativen Sinn).
- Ich will dem anderen meine Bedürfnisse und Gefühle mitteilen, damit er darüber informiert ist, worauf er besser Rücksicht nehmen könnte. So muss er sich nicht auf Vermutungen stützen.
- Ich will den anderen darüber aufklären, welche Veränderungen in seinem Verhalten mir gegenüber die Zusammenarbeit mit ihm erleichtern würden.

Gutes Feedback bezieht sich immer auf hilfreiche Verhaltensweisen, aber auch auf störende. Die positiven Wirkungen von Feedback liegen darin, eigene störende Verhaltensweisen zu korrigieren und die Zusammenarbeit effektiver zu gestalten. Feedback sollte daher immer

- **konstruktiv** sein, d.h. Perspektiven für die Zukunft bieten;
- **beschreibend** sein, d.h. man sollte Bewertungen und Interpretationen außen vorlassen;
- **konkret** sein; durch Verallgemeinerungen und pauschale Aussagen weiß der Betreffende nicht, wie er das Problem beseitigen kann – außerdem ist es für den Beteiligten am einfachsten, das Feedback nachzuvollziehen, wenn das Ereignis möglichst konkret beschrieben wird;

- **subjektiv** formuliert sein; wenn man von seinen eigenen Beobachtungen und Eindrücken spricht und nicht von denen anderer, fällt es dem Beteiligten leichter, das Feedback anzunehmen;
- **nicht nur negativ** sein; man sollte stets daran denken, dass es schwer ist Kritik einzustecken. So ist es für den Beteiligten leichter, Verbesserungsvorschläge zu akzeptieren, wenn er merkt, dass man nicht nur herumkritisieren möchte, sondern auch die positiven Seiten sieht. Die „Sandwich-Theorie" empfiehlt, jede negative Kritik zwischen zwei Schichten von positiven Elementen zu betten (http://www.stangl-taller.at/ARBEITSBLAETTER/KOMMUNIKATION/Feedback.shtml)

Bevor Sie ein Feedback geben, wählen Sie eine geeignete Methode. Die Feedbackmethode muss zu Ihnen und dem Feedbackempfänger passen. Bitte stellen Sie sich im Vorfeld folgende Fragen:

- Handelt es sich bei dem Feedbackempfänger um eine Person, die sich mit Feedback nicht auskennt? Wenn das der Fall ist, ist es richtig, eine eher spielerische Form des Feedbacks zu wählen.
- Wie differenziert soll das Feedback sein? Will ich nur etwas über das emotionale Befinden wissen, oder benötige ich eine differenzierte fachliche Rückmeldung? Welches Ziel verfolge ich mit dem Feedback?
- Welche Methode ist anschließend gut auszuwerten und informiert mich konkret über die Informationen, die ich benötige (z. B. Stärken, Entwicklungsbedarf)?

Zwei-Seiten-Methode

Ihre Praktikantin erhält ein leeres DIN-A4-Blatt. Auf der einen Seite des Bogens notiert sie alle positiven Aspekte des Praktikums: Was war bisher für mich wichtig? Auf welchem Gebiet habe ich neue Anregungen erhalten? Was will ich künftig vertiefen? Was habe ich gelernt? Was war für mich anregend? Auf der Rückseite des Blattes werden alle Gedanken beschrieben, die einen fragenden oder kritischen Charakter haben: Was habe ich nicht verstanden? Was hat mich nicht interessiert? Was hat mir gefehlt? Was hat mich gestört? Das Notieren der Gedanken sollte nicht länger als fünf Minuten dauern. Anschließend wird das Feedback in einem gemeinsamen Gespräch ausgewertet.

Blitzlicht

Ein Blitzlicht kann spontan und ohne Vorbereitung eingesetzt werden. Dafür kann eine Besprechung kurz unterbrochen werden – zum Beispiel, wenn es eine Störung gibt –, und jeder teilt kurz mit, was er in dieser Situation gerne sagen möchte. Eine mögliche Frage lautet: Wie fühlen Sie sich im Moment? Es kann sich aber auch um eine inhaltliche Klärung handeln: Wie schätzen Sie die Situation ein? Bei größeren Auswertungsrunden sollte darauf geachtet werden, dass das Blitzlicht wirklich kurz formuliert wird. Ein Blitzlicht wird nicht kommentiert.

Rezension

Die Rückmeldung erfolgt in Form einer Theaterrezension. Die Praktikantin schätzt ihre Arbeit in der Kita ein, indem sie die Kindertagesstätte in ein Theater transferiert. Sie berichtet über die Inszenierung, wählt ein Stück aus (Drama, Krimi, Lustspiel etc.), beschreibt die Planung, besetzt die Rollen (auch die eigene!), äußert sich zum Ambiente und zu den Räumlichkeiten. Sie kann auch beschreiben, wer Hauptdarstellerin, wer Bühnenarbeiter oder Besucher ist und was die Zuschauer zu sagen haben. Da es sich hier um eine kreative Form des Feedbacks handelt, besteht die Möglichkeit, dass eine gewisse Distanz zum Geschehen entwickelt wird, was auch kritische Situationen entschärfen kann. Gleichzeitig besteht aber auch die Gefahr, dass das Feedback nicht ernst genug genommen wird.

Feedbackbogen

Als Ausbildungsbegleiterin haben Sie einen Feedbackbogen zu einem ganz bestimmten Thema vorbereitet. Dieser sieht auch eine Bewertung in Form von Noten (1 bis 5) vor. Mögliche Fragen können sein:

- Wie beurteilen Sie Ihre Lernentwicklungsmöglichkeiten in dieser Kita?
- Wie beurteilen Sie die Anleitungskompetenz Ihrer Ausbildungsbegleiterin?
- Wie hilfreich sind für Sie die Reflexionsgespräche?

Der Feedbackbogen kann auch Platz für eine offene Frage bieten: „Und was Sie schon immer sagen wollten, ist…" Diese Methode bietet den Vorteil, dass Sie ein sehr differenziertes Feedback erhalten. Dafür muss der Feedbackbogen aber kurz und präzise gehalten sein.

Die Maske

Ihre Praktikantin erhält Stifte und ein Blatt Papier. Damit ist sie in der Lage, eine Maske zu zeichnen. Die Zeichnung muss nicht schön sein (darauf sollten Sie hinweisen), aber ehrliche Gefühle zum Ausdruck bringen. Die Maske dient als Anlass, miteinander ins Gespräch zu kommen. Das gelingt leichter, wenn die Ausbildungsbegleiterin selbst auch eine Maske zeichnet.

Stimmungsbarometer

Das Stimmungsbarometer ist eine einfache, nonverbale Methode, momentane Gefühle zu klären. Auf einem Packpapierbogen zeichnen Sie ein Koordinatenkreuz, dessen Mitte den neutralen Nullpunkt darstellt. Das untere Ende der senkrechten Achse stellt den Tiefpunkt dar, das obere Ende kennzeichnet die optimale Stimmung. Mit einem farbigen Klebepunkt markiert die Praktikantin ihren aktuellen Standpunkt.

Hair Cut

Die Feedbackmethode „Hair Cut" lässt sich gut dann einsetzen, wenn es zwischen Ihnen Missverständnisse gegeben hat und Sie oder die Praktikantin Ärger loswerden wollen. Die Person, die „Dampf ablassen" will, informiert den Empfänger darüber und erhält die Erlaubnis, für einen begrenzten Zeitraum die wichtigsten Irritationen auf den Punkt zu bringen. Ist das geschehen, bedankt sich der Sender beim Empfänger für das geduldige Zuhören, und der Empfänger bedankt sich beim Sender für die offenen Worte und erhält nun die Gelegenheit, selbst Stellung zu nehmen. Bei dieser Übung geht es in erster Linie darum, seinem Ärger Luft zu machen und ihn nicht in sich „hineinzufressen".

Geschenk überreichen

Diese Methode eignet sich gut für das Abschlussgespräch. Bitten Sie Ihre Praktikantin, sich ein imaginäres Abschiedsgeschenk für die Einrichtung (oder für Sie als Ausbildungsbegleiterin) auszudenken und zu beschreiben, um was es sich handelt, welche Gedanken hinter der Auswahl stehen. Als Ausbildungsbegleiterin überreichen dann auch Sie der Praktikantin ein imaginäres Abschiedsgeschenk und beschreiben dazu Ihre Gedanken.

Wetterkarte

Notieren Sie bitte, welche Aspekte der Zusammenarbeit für Sie Sonnenschein bedeuten, welche durch kleine Wolken getrübt und welche Ihnen ein unbehagliches Gefühl, wie vielleicht bei einem Gewitter, verursachen.

Handfeedback

Die Teilnehmerinnen erhalten ein Blatt Papier, auf dem eine stilisierte Hand abgedruckt ist. Jeder Finger der Hand erhält nun einen Kommentar.

Daumen: „Da halte ich den Daumen drauf – dieses Thema will ich weiterverfolgen."
Zeigefinger: „Das habe ich gelernt."
Mittelfinger: „Das hat mir gestunken."
Ringfinger: „Die Atmosphäre hier…"
Kleiner Finger: „Folgendes ist zu kurz gekommen."

Anleitungsfeedback

Als Ausbildungsbegleiterin werden Sie sich auch von der Praktikantin Feedback einholen. Dazu sind durchaus die bereits genannten Methoden geeignet. Sie können aber auch einen Fragebogen gestalten, der wie folgt aussehen könnte:

Rückmeldung an die Ausbildungsbegleiterin

Name:

In Bezug auf meine Praktikantinnentätigkeit werden klare Ziele und Prioritäten gesetzt und transparent gemacht.

Die Ziele und Prioritäten sind für mich deutlich.
☐ trifft nicht zu   ☐ trifft eher nicht zu   ☐ trifft eher zu   ☐ trifft voll zu

Die Zielsetzung in Bezug auf mein Praktikum ist mit mir abgesprochen.
☐ trifft nicht zu   ☐ trifft eher nicht zu   ☐ trifft eher zu   ☐ trifft voll zu

Entscheidungen werden transparent gemacht.
☐ trifft nicht zu   ☐ trifft eher nicht zu   ☐ trifft eher zu   ☐ trifft voll zu

Konflikte werden offen und fair bearbeitet.
☐ trifft nicht zu   ☐ trifft eher nicht zu   ☐ trifft eher zu   ☐ trifft voll zu

Die Ausbildungsbegleiterin sichert die Qualität der Arbeit.

Sie sorgt dafür, dass es in der Kita verlässliche Regelungen und Strukturen gibt.
☐ trifft nicht zu   ☐ trifft eher nicht zu   ☐ trifft eher zu   ☐ trifft voll zu

Sie sorgt dafür, dass diese eingehalten werden.
☐ trifft nicht zu   ☐ trifft eher nicht zu   ☐ trifft eher zu   ☐ trifft voll zu

Die Ausbildungsbegleiterin führt regelmäßig Reflexionsgespräche mit mir durch und gibt hilfreich Rückmeldung.

Sie nimmt sich mindestens wöchentlich Zeit und ungestörten Raum für Gespräche.
☐ trifft nicht zu   ☐ trifft eher nicht zu   ☐ trifft eher zu   ☐ trifft voll zu

Sie gibt so Rückmeldung, dass ich mich verstanden fühle und weiterentwickeln kann.
☐ trifft nicht zu   ☐ trifft eher nicht zu   ☐ trifft eher zu   ☐ trifft voll zu

Anmerkungen:

Im letzten Feld kann die Praktikantin Anmerkungen formulieren, die ergänzend sind oder Aspekte thematisieren, die im Fragebogen nicht erwähnt wurden.

FEEDBACK GEBEN UND EMPFANGEN

Feedback geben

1. Beobachtetes Verhalten konkret beschreiben

- Die Person wertschätzen, nicht bewerten oder analysieren.
- Mit Beispielen belegen, in welcher Situation sie wie und mit welcher Wirkung vorging.
- Auf Pauschalisieren verzichten und Begriffe wie „immer", „nie", „ständig" etc. meiden.
- Gerade auch positive Wahrnehmungen und Gefühle rückmelden.

2. Persönliche Aussagen treffen, Ich-Botschaften verwenden

- Eigene Gefühle und Gedanken benennen („Das löst in mir ... aus", „Es wirkt auf mich ...").
- Aussagen: authentisch und echt, bewusst und überlegt.

3. Evtl. Wunsch nach Verhaltensänderung benennen

- Wunsch als Angebot formulieren (man kann die andere Person nicht verändern!).
- Vorschlag gemeinsam besprechen.

Feedback empfangen

1. Ruhig zuhören und ggf. Verständnisfragen stellen

- Sich nicht rechtfertigen, auch nicht bei Lob (z. B. „Ach, dafür werde ich doch bezahlt!", „Also, dafür kann ich wirklich nichts, weil ...").
- Eine Rechtfertigung ist meist ein Abwehrverhalten; dadurch vermeidet man eine „Selbst-Erfahrung", denn durch ein Feedback lernt man etwas über sich selbst.

2. Eigene Gefühle genau wahrnehmen

- Nachspüren, was die Rückmeldung in einem auslöst.
- Sich die eigenen Gefühle bewusst machen und nicht unkontrolliert äußern.
- Der Sache und der Person angemessen und bewusst auswählen, was man wem wie offen mitteilen möchte (z. B. unterscheiden zwischen Chefin, Kollegin, Elternbeirätin etc.).

3. Der anderen Person Rückmeldung geben

- Beschreiben, wie die andere Person auf einen wirkt (authentisch, selbstsicher, überzeugend etc.).
- Ich-Aussagen verwenden („Das löst in mir ... aus").
- Dank für die offene Rückmeldung aussprechen.

(Aus: Weber 2006, S. 27)

3.4 Die Leistung bewerten – Beurteilungen schreiben

Das Schreiben einer Beurteilung ist keine einfache Sache, da es kaum pädagogische Aufgaben gibt, die qualifizierbar und quantifizierbar beschrieben werden können, und weil eine Bewertung immer auch etwas mit der ganz individuellen Wahrnehmung zu tun hat. Leider spielt das Thema Beurteilung in den Fachschulen als Lernfeldbaustein keine bedeutsame Rolle. Sie sind als Ausbildungsbegleiterin also weitgehend auf sich selbst und auf Ihre sorgfältigen Dokumentationen, die Sie während des Praktikums angefertigt haben, angewiesen.

Für die Praktikantin hat die Beurteilung meist einen sehr hohen Stellenwert. Sie entscheidet zum Beispiel häufig darüber, ob der Wechsel in die nächste Klassenstufe gelingt. Die Beurteilung gibt auch Auskunft über die Berufseignung, über Stärken und Entwicklungsaufgaben.

Die Beurteilung im Rahmen eines Praktikums darf auch kritische Anmerkungen enthalten, da sie nur intern verwendet wird. Sie steht lediglich der Praktikantin und der Schule zur Verfügung und darf nicht als Bewerbungsunterlage dienen. Die Beurteilung der Praktikantin erfolgt in der Regel auf der Grundlage eines Beurteilungsbogens, den die Fachschule der Praxisstelle zur Verfügung stellt.

Zur Beurteilungsgrundlage gehören die Aufgaben, die der Praktikantin gestellt worden sind, und werden durch die Ausbildungsbegleiterin und die Lehrkraft (das ist in den Bundesländern nicht einheitlich geregelt) durchgeführt. Die Ausbildungsbegleiterin macht Aussagen über

- die Persönlichkeit der Praktikantin,
- das Arbeits- und Sozialverhalten,
- die fachlichen Leistungen in der Kita,
- die Entwicklungsmöglichkeiten und damit verbunden das Gespräch darüber, wie diese von der Praktikantin wahrgenommen wurden.

Jede Aussage im Rahmen der Beurteilung muss belegbar sein.

BEURTEILUNGSRASTER

Name der Praktikantin:

Praktikumsphase:

1. Berufliche Haltung

	1	2	3	4	5
Interesse an der fachpraktischen Arbeit	☐	☐	☐	☐	☐
Fachliches Interesse / Informationsbeschaffung	☐	☐	☐	☐	☐
Lernbereitschaft	☐	☐	☐	☐	☐
Bereitschaft, Aufgaben zu übernehmen	☐	☐	☐	☐	☐
Zuverlässigkeit	☐	☐	☐	☐	☐
Umsicht	☐	☐	☐	☐	☐
Verantwortungsbereitschaft	☐	☐	☐	☐	☐
Belastbarkeit	☐	☐	☐	☐	☐
Kreativität	☐	☐	☐	☐	☐

2. Selbstständigkeit

	1	2	3	4	5
Übernahme von Aufgaben im eigenen Arbeitsbereich	☐	☐	☐	☐	☐
Zielgruppengerechte Planung	☐	☐	☐	☐	☐
Eigeninitiative	☐	☐	☐	☐	☐
Fähigkeit zur Strukturierung der Arbeit	☐	☐	☐	☐	☐
Problembewusstsein	☐	☐	☐	☐	☐
Realitätsbezug	☐	☐	☐	☐	☐
Selbstverantwortliches Arbeiten	☐	☐	☐	☐	☐

3. Pädagogische Praxis

	1	2	3	4	5
Beobachtungs- und Wahrnehmungsfähigkeit	☐	☐	☐	☐	☐
Reflexionsfähigkeit	☐	☐	☐	☐	☐
Fähigkeit, Beziehungen aufzubauen	☐	☐	☐	☐	☐
Umgang mit Nähe und Distanz	☐	☐	☐	☐	☐
Arbeit mit dem einzelnen Kind	☐	☐	☐	☐	☐
Arbeit mit kleinen Gruppen	☐	☐	☐	☐	☐
Situationsbezogenes Arbeiten	☐	☐	☐	☐	☐
Individuelles Eingehen	☐	☐	☐	☐	☐
Planen und Durchführen von Aktivitäten	☐	☐	☐	☐	☐
Umsetzen theoretischer Kenntnisse in die Praxis	☐	☐	☐	☐	☐
Arbeitsfeldbezogene Kenntnisse anwenden können	☐	☐	☐	☐	☐

4. Zusammenarbeit

	1	2	3	4	5
Zusammenarbeit mit der Ausbildungsbegleiterin und ihrer Gruppe	☐	☐	☐	☐	☐
Zusammenarbeit mit dem Mitarbeiterinnen-Team	☐	☐	☐	☐	☐
Fähigkeit, eigene Sichtweisen einzubringen	☐	☐	☐	☐	☐
Zusammenarbeit mit Eltern und anderen an der Erziehung Beteiligten	☐	☐	☐	☐	☐
Zusammenarbeit mit anderen Institutionen	☐	☐	☐	☐	☐

5. Kritikfähigkeit	**1**	**2**	**3**	**4**	**5**
Fähigkeit, konstruktiv Kritik zu äußern	☐	☐	☐	☐	☐
Fähigkeit, konstruktive Kritik anzunehmen	☐	☐	☐	☐	☐
Selbstkritik	☐	☐	☐	☐	☐

6.	**1**	**2**	**3**	**4**	**5**
Durchführung von Verwaltungsaufgaben	☐	☐	☐	☐	☐

7. Stärken   **8. Entwicklungsaufgaben**

(In Anlehnung an: Weber/Herrmann 2004, S. 14)

3.5 Das Beurteilungsgespräch

Grundlage einer Beurteilung ist immer das Beurteilungsgespräch. Es erfolgt vor der Fertigstellung der schriftlichen Beurteilung. Hilfreich ist es, wenn Praktikantin und Ausbildungsbegleiterin mithilfe eines Beurteilungsrasters im Vorfeld schon einen Entwurf angefertigt haben. Das erleichtert das gemeinsame Gespräch und hilft, das Bild zu objektivieren. Sie können durchaus davon ausgehen, dass Sie beide in manchen Punkten eine unterschiedliche Sichtweise haben. Wenn das so ist, bedarf es einer Klärung:

- Nehmen Sie sich für das Beurteilungsgespräch ausreichend Zeit. Beginn und Ende des Gesprächstermins werden vorher festgelegt. Störungen (z. B. Telefon) sollten vermieden werden.

- Als ideale Gesprächsverteilung wird häufig vorgeschlagen: ein Drittel Beurteilende, zwei Drittel Praktikantin.
- Beginnen Sie damit, der Praktikantin zunächst mitzuteilen, welche Entwicklungschancen Sie für sie in Zukunft sehen. Vermeiden Sie eine defizitorientierte Beurteilung.
- Gehen Sie Ihren Entwurf Punkt für Punkt durch.
- Hören Sie sich die Sichtweise der Praktikantin gut an. Zeigen Sie die Bereitschaft, falls notwendig Ihre Aussage zu korrigieren.

Ihr fachlicher Anspruch besteht darin, eine möglichst objektive, reflektierte und fachlich fundierte Beurteilung abzuliefern. Dafür müssen Sie sich darüber im Klaren sein, dass wir alle in Beobachtungs- und Wahrnehmungsfallen laufen und mit „Blinden Flecken" ausgestattet sind.

Ihre Aussagen müssen vor allen Dingen belegbar sein. Machen Sie deswegen deutlich, welche Bereiche Sie beobachtet haben und welche Indikatoren Ihrer Beurteilung zugrunde liegen. Sie werden von der Schule Ihrer Praktikantin einen Beurteilungsvordruck erhalten. Über die zu beobachtenden Kategorien müssen Sie sich folglich keine Gedanken machen. Ihnen sollte aber klar sein, welchen Fehlerquellen Sie unterliegen können:

Milde-Falle: Die Praktikantin ist sehr nett. Die Beziehung zwischen Ihnen beiden stimmt, und vielleicht hat Ihre Praktikantin auch noch eine problematische Biografie. Das führt dazu, dass Sie alle Schwächen übersehen und alle Handlungen positiv „übersetzen".

Vorurteils-Falle: „Dicke sind gemütlich", „Stiefelträger sind Chaoten"... All diese unüberlegten Vorurteile können in die Beurteilung mit einfließen.

Mittelwert-Falle: Sie wollen niemanden bevorzugen, aber auch niemanden benachteiligen. Deswegen bleiben Sie mit Ihrer Beurteilung immer schön in der Mitte. So kann man doch eigentlich niemandem weh tun?

Projektions-Falle: Sie schreiben Verhaltensweisen, die Sie selbst kennzeichnen, Ihrer Praktikantin zu.

Halo-Falle: Sie verallgemeinern bestimmte Eigenschaften oder hervorstechende Merkmale und wenden sie auf die ganze Person an.

Kontrast-Falle: Sie nehmen nur das wahr, was im Gegensatz zu Ihren eigenen Fähigkeiten steht.

Im Beurteilungsgespräch, das als Grundlage für die spätere schriftliche Beurteilung dient, geht es vor allen Dingen darum, ganz ehrlich Rückmeldung zu geben. Nur dieses Feedback kann wirklich hilfreich sein. Außerdem können Sie im Beurteilungsgespräch feststellen, ob Ihre Einschätzung

und die Selbstwahrnehmung der Praktikantin deckungsgleich sind. Hier ein paar Tipps für den Ablauf des Beurteilungsgesprächs:

- Die Praktikantin erzählt noch einmal, welche Ziele sie im Praktikum verfolgt hat. Fragen Sie die Praktikantin, ob sie die Ziele erreicht hat, und wenn ja, woran sie das erkennen kann.
- Beziehen Sie erst Stellung, wenn die Praktikantin alle Aspekte benannt und eine Selbsteinschätzung vorgenommen hat.
- Gehen Sie zunächst auf die Aspekte ein, bei denen Sie noch einen Entwicklungsbedarf sehen.
- Gehen Sie alle Beurteilungsaspekte Punkt für Punkt durch.
- Begründen Sie Ihre Aussagen und untermauern sie diese mit Beispielen.
- Bitten Sie die Praktikantin, sich zunächst einmal die Punkte kommentarlos anzuhören.
- Evaluieren Sie das erreichte Niveau, indem Sie die Ergebnisse mit den zu Beginn des Praktikums formulierten Zielen vergleichen.

3.6 Rückmeldung zwischen Schule und Einrichtung

Im Rahmen einer gut funktionierenden Lernortkooperation gibt es auch Gelegenheit für die Institutionen, sich über den Verlauf der gemeinsamen Arbeit mit Praktikantinnen Rückmeldung zu geben.

Es ist nicht hilfreich, wenn zum Beispiel in der Kita hinter verschlossenen Türen über die überhöhten Anforderungen der Schule gewettert wird und die Lehrkräfte vielleicht dagegen den Umgang mit „Beschäftigungen" monieren. Eine fruchtbare Zusammenarbeit verlangt auch die Klärung strittiger Punkte:

- Wie viel Zeit kann eine Ausbildungsbegleiterin in der Praxis tatsächlich aufwenden (sie bekommt dafür schließlich keine Verfügungszeit)?

- Welche Ziele können realistischerweise in der Praxis umgesetzt werden?
- Welche schulischen Aufgaben lassen sich in der Einrichtung durchführen? Welche passen nicht in das Konzept oder sprengen den zeitlichen Rahmen?
- Welche Kompetenzen kann die Ausbildungsbegleiterin in welchem Praktikum von der Praktikantin erwarten? Welchen schulischen Stoff sollte die Praktikantin beherrschen?

Viele Schulen haben sich bereits auf den Weg gemacht und ein Ausbildungsbegleitbuch entwickelt, das einen guten Orientierungsrahmen bildet. Allerdings sollte so ein Begleitbuch nach einer gewissen Zeit der Erprobung überarbeitet werden – gemeinsam mit Studierenden, die bereits Praxiserfahrung gesammelt haben, und mit Vertreterinnen der Praxiseinrichtungen.

Und wenn´s mal brennt?

Die Ausbildungsbegleiterin informiert die Schule sofort, wenn die Praktikantin

- am ersten Tag nicht am Arbeitsplatz erscheint,
- sie nicht informiert, wenn sie krank ist,
- ständig zu spät kommt,
- den Wunsch äußert, die Gruppe oder die Ausbildungsbegleiterin zu wechseln,
- als Krankheitsvertretung eingesetzt werden soll,

    oder wenn Sie als Ausbildungsbegleiterin

- die Praxisbegleitung abbrechen möchten,
- einen Termin nicht einhalten können,
- Störungen in der Kommunikation mit Ihrer Praktikantin erleben und einen frühzeitigen Besuch der Lehrkraft wünschen,
- fehlende Motivation bei der Praktikantin feststellen,
- Informationen von der Schule benötigen,

- über die Anforderungen der Schule nicht Bescheid wissen,
- feststellen, dass die Lehrkraft Termine ständig verschiebt oder sich nur telefonisch meldet,
- mit dem Kontakt oder dem Gesprächsverhalten der Lehrkraft nicht zufrieden sind.

Die Schule nimmt sofort Kontakt zur Einrichtung auf, wenn

- ein Termin nicht eingehalten werden kann,
- die Lehrkraft das Gefühl hat, die Ausbildungsbegleiterin erfüllt ihre Aufgaben nicht zufriedenstellend,
- von den Studierenden über Vorkommnisse in der Praxis berichtet wird, die der Klärung bedürfen (z. B.: „Frau X gibt den Kindern schon mal einen Klaps und stellt sie in die Ecke").

3.7 Nun heißt es Abschied nehmen

Das Ende des Praktikums naht. Praktikantin und Ausbildungsbegleiterin müssen sich auf den Abschied vorbereiten. Auch wenn es der Ausbildungsbegleiterin schwer fallen sollte, sich von der bereits vertrauten Praktikantin zu trennen, so muss sie jetzt bereits im Blick haben, wer nun deren Aufgaben übernimmt. Vielleicht ist sogar schon eine neue Praktikantin in Sicht. Auch bei der Praktikantin können sich widersprüchliche Gefühle zeigen. Einerseits kann es ihr schwer fallen, Abschied zu nehmen, weil sie gerade jetzt an Sicherheit gewonnen hat, sich wohl fühlt und zu Kindern und Mitarbeiterinnen eine gute Beziehung aufgebaut hat. Andererseits freut sie sich vielleicht auch schon wieder auf die Schule, wo sie von ihren Erfahrungen berichten und diese mit theoretischen Erkenntnissen unterfüttern, wo sie ihre Mitstudierenden wieder treffen und die Erfahrungen reflektieren kann. Im letzten gemeinsamen Gespräch sollten auch diese unterschiedlichen und manchmal widersprüchlichen Gefühle thematisiert werden.

Die Praktikantin sollte schon im letzten Drittel der fachpraktischen Ausbildung Hinweise darauf geben, dass ihre Zeit begrenzt ist, dass sie gerne wieder in die Schule geht und die Gruppe so wieder eine neue Praktikantin bekommt. Ausbildungsbegleiterin und Praktikantin sollten alles dafür tun, dass es den Kindern nicht schwer fällt, die Praktikantin gehen zu lassen. Es ist ein Zeichen von Qualität, wenn es gelingt, ohne Zeichen der Traurigkeit voneinander Abschied nehmen zu können. Die Praktikantin sollte auch keine großen Besuchsversprechungen machen, denn die können in der Regel doch nicht gehalten werden. Praktikantin und Ausbildungsbegleiterin sollten sich noch einmal Zeit für ein Gespräch nehmen und überlegen, ob nun, da der Leistungsdruck vorbei ist, alle Aufgaben bewältigt wurden. Da jetzt ein hohes Maß an Vertrauen und Offenheit herrscht, kann dabei auch etwas, was bisher noch nicht gesagt wurde, thematisiert werden. Jetzt ist Gelegenheit, noch einmal die Stationen des Lernens durchzugehen und zu überlegen, welche Aspekte vielleicht zu kurz gekommen sind. Spätestens zu diesem Zeitpunkt sollte die Praktikantin auch Rückmeldung an die Einrichtung und speziell an die Ausbildungsbegleiterin geben. Vielleicht möchten Praktikantin und Ausbildungsbegleiterin auch noch gemeinsam Worte der Reflexion an die Schule (die Tutorin/Lehrerin) richten.

Den eigentlichen Abschied gestaltet die Praktikantin möglichst selbst. Sie muss sich schließlich von der Gruppe trennen – und das sollte sie auf ihre eigene Art und Weise tun. Auch die Ausbildungsbegleiterin muss Abschied nehmen, sich von der Praktikantin lösen. Nur wenn ihr das gelingt, kann sie sich auch auf eine neue Praktikantin einlassen. Scheuen Sie sich nicht, wenn nötig, für ein Abschiedsgespräch professionelle Hilfe wie Supervision oder Coaching anzunehmen.

Anhang

Termine:

Am _____ / _____ Stunde findet eine Zwischenauswertung zwischen den Praktikantinnen sowie den Fachlehrkräften in der Schule statt.

Am _____ um _____ Uhr findet ein Treffen der Ausbildungsbegleiterinnen in der Fachschule statt.

Arbeitszeiten:

Im Praktikum sind 38,5 Wochenstunden anzustreben. Die Schule führt ein Arbeitszeitkonto und achtet auf die Einhaltung des Mindestdurchschnitts von 33 Wochenstunden über die gesamte Ausbildung hinweg. Diese Regelung trägt der Tatsache Rechnung, dass auch Einrichtungen mit Öffnungszeiten unterhalb 38,5 Stunden an der Ausbildung teilhaben sollen. Es besteht auch die Möglichkeit, ein Praktikum in einer Einrichtung zu absolvieren, in der die Praktikantin unter 33 Wochenstunden arbeitet. Vorausgesetzt werden in der Regel 25 Wochenstunden. Als Grundlage gelten die in der Praxiswochenvereinbarung festgelegten Arbeitszeiten.

Notengebung:

Die betreuende Lehrkraft erteilt die Note für jedes Praktikum unter Berücksichtigung der Beurteilung durch die Praxisstelle.

Vergütungs- und Kostenerstattungsansprüche:

Die Praktikantin hat keinen Rechtsanspruch auf Vergütung durch die Praxisstelle. Eine Praktikantenvergütung (z. B. Praktikantenvergütungsrichtlinien der TdL vom 20.4.1993) kann unter Beachtung der sozial-versicherungsrechtlichen Regelungen vereinbart werden.
Durch die Praxisstelle verursachte Kosten, die nicht der persönlichen Lebensführung der Praktikantin zuzurechnen sind, sind dieser von der Praxisstelle zu erstatten.

Versicherungsschutz:

Die Praktikantin unterliegt dem gesetzlichen Schülerunfallversicherungsschutz.

Bescheinigung des Gesundheitsamtes:

Die Studierenden wurden durch die Schule nach § 35 Infektionsschutzgesetz belehrt. Sie müssen über eine Bescheinigung des Gesundheitsamtes nach § 42 und § 43 Infektionsschutzgesetz verfügen. Das (alte) unbefristete Gesundheitszeugnis nach § 18 Bundesseuchengesetz ist der Bescheinigung gleichgestellt.

Fehlzeiten:

Fehlen gilt ausschließlich mit ärztlicher Bescheinigung, die am Ende des Praktikums an den Beurteilungsbogen anzuheften ist. Bei Umschülern ist diese umgehend an die Klassenlehrkraft weiterzuleiten. Fehltage sind der betreuenden Lehrkraft umgehend durch die Praktikantin mitzuteilen.
Ausfallzeiten, die 5 Tage überschreiten, sind in Absprache mit der betreuenden Lehrkraft nachzuholen.

(Nach: Ellermann, Fachschule für Sozialpädagogik Lensahn, 2007)

PRAKTIKUMSVERTRAG

zwischen _____ und

der Praktikantin _____

geboren am _____ in _____

Praxisstelle (bitte vollständige Anschrift angeben):

_____

_____

Ausbildungsbegleiterin:

_____

Art / Phase des Praktikums:

_____

Dauer: _____

Die Praktikumsstelle übernimmt die Qualifizierung der Praktikantin und verpflichtet sich,
die für das Sozialpädagogische Praktikum beschriebenen Aufgaben wahrzunehmen.
Der Vertrag kann nur in gegenseitigem Einverständnis aufgelöst werden.

Die Praktikantin verpflichtet sich,
die Qualifizierungsangebote wahrzunehmen,
die im Praxisbegleitbuch beschriebenen Aufgaben zu erfüllen,
alle Arbeiten gewissenhaft auszuführen,
über alle Vorgänge Verschwiegenheit zu bewahren,
alle Vorschriften (insbesondere die der Unfallverhütung und der Aufsichtspflicht) zu beachten,
das Fernbleiben von der Praxisstelle noch am gleichen Tag anzuzeigen und bis zum dritten Tag einer
Erkrankung eine ärztliche Bescheinigung vorzulegen,
den Vertrag nicht eigenmächtig aufzulösen.

_____

Ort, Datum

_____   _____

Unterschrift der Praktikumsstelle/Stempel   **Unterschrift der Praktikantin**

_____

Bestätigung durch die Fachschule

MUSTER FÜR EINE VEREINBARUNG ZWISCHEN PRAKTIKANTIN UND AUSBILDUNGSBEGLEITERIN

Vereinbarung zwischen _____ und _____

Die Reflexionsgespräche finden _____ **wöchentlich statt. Sie dauern** _____ **Stunden.**

Ort des Reflexionsgesprächs ist _____. **Dort finden zu dieser Zeit keinerlei Störungen statt.**

Alle Gesprächsinhalte unterliegen der Schweigepflicht.

Die Praktikantin bereitet sich schriftlich auf das Gespräch vor, indem sie Fragestellungen formuliert und ihr Portfolio oder Lerntagebuch mitbringt.

Inhalte des Gesprächs können sein:
- Stand der Entwicklungsaufgaben
- Reflexion der beruflichen Erfahrungen
- Selbstreflexion
- Kontakte (Kinder, Eltern, Mitarbeiterinnen)
- Erörterung von Organisations- und Rechtsfragen
- Konfliktbearbeitung
- Feedback in Bezug auf das Reflexionsgespräch

Ort / Einrichtung _____   **Datum** _____

_____   _____
Unterschrift der Ausbildungsbegleiterin   **Unterschrift der Praktikantin**

LEITFADEN: BESUCH DER PRAXISBEGLEITENDEN LEHRKRAFT

Der Besuchstermin wird von den Studierenden vorbereitet:

- Informieren Sie rechtzeitig die Leitung, Ihre Ausbildungsbegleiterin und alle Mitarbeiterinnen der Gruppe über den genauen Besuchstermin. Treffen Sie alle dafür notwendigen Absprachen an Ihrem Praxisplatz.
- Sorgen Sie dafür, dass ein ruhiger Gesprächsraum zur Verfügung steht und bereiten Sie diesen Raum entsprechend vor.
- Bereiten Sie auch Ihre Lehrkraft auf die Hospitation vor, indem Sie ihr alle wesentlichen Informationen schriftlich zukommen lassen:
  - Übersichtliche Wegbeschreibung mit Name, Anschrift und Telefonnummer der Einrichtung
  - Beschreibung des Gebäudes, in dem Sie zu finden sind, mit notwendigen Angaben (Stockwerk, Gebäudenamen, Raumnummern etc.). Falls dies schwierig ist, vereinbaren Sie einen markanten Treffpunkt
  - Namen der Leitung sowie der Mitarbeiterinnen der Gruppe, in der Sie tätig sind
  - Name der Gruppe.
- Ist Ihre Lehrerin angekommen, bietet sich eine kurze Führung durch die Einrichtung an. Überlegen Sie vorher, welche Räume Sie zeigen möchten, und sprechen Sie mit den Mitarbeiterinnen, die dort arbeiten, ob diese damit einverstanden sind. Treffen Sie eine Auswahl – es geht nicht darum, das ganze Haus vom Keller bis zum Dachboden zu zeigen, sondern darum, einen Eindruck zu vermitteln!
- Während des Rundgangs können Sie schon Informationen über Räume und ihre Funktionen und Materialien, über Mitarbeiterinnen (Namen und Funktionen) etc. geben. Schließen Sie (nach vorheriger Absprache) einen kurzen Abstecher bei der Leitung mit ein.
- Nach dem Rundgang bitten Sie Ihre Ausbildungsbegleiterin und die Lehrerin in den von Ihnen vorbereiteten Gesprächsraum. Nun sollten Sie zeigen, dass Sie Ihre Einrichtung, in der Sie Ihre praktische Ausbildung absolvieren, auch sachgerecht darstellen können. Am einfachsten geht das, wenn Sie sich vorstellen, Ihre Lehrerin kennt diese Einrichtung und deren Arbeit nicht und braucht daher alle wesentlichen Informationen von Ihnen. Diese sollten Sie gut vorbereitet haben.
- Vermutlich schließt daran ein Gespräch an, in dem Sie und Ihre Ausbildungsbegleiterin schildern, wie Sie sich in die Gruppe, in das Team und in Ihre Tätigkeitsbereiche eingearbeitet haben, ob möglicherweise noch Fragen oder Unsicherheiten zu klären sind etc.

(Quelle: Ausbildungsbegleitbuch der Fachschule für Sozialpädagogik in Hamburg-Altona FSP2)

FORMBLATT FÜR EIN GESPRÄCHSPROTOKOLL

Datum:

Anwesende: _____ (Praktikantin)

_____ (Lehrkraft)

_____ (Ausbildungsbegleiterin)

Protokoll: _____

Gesprächsschwerpunkt:
- Reflexionsgespräch
- Konfliktgespräch
- Gespräch über die Entwicklungsaufgaben
- Abschlussgespräch
- Beurteilungsgespräch

Ziel des Gesprächs: _____

Gesprächsvereinbarungen: _____

Nächster Gesprächstermin: _____

Unterschriften: _____

86

KOMPETENZZIELSCHEIBE

Tragen Sie die acht Lernbereiche oder Kompetenzen in die Grafik ein, die für Sie von großer Bedeutung sind. Dabei können Sie sich an den Standards für Praktikantinnen orientieren.

Bitte machen Sie zu jedem Teilbereich ein Kreuz zur Bewertung. Je weiter Sie das Kreuz in Richtung Mitte (100 Punkte) platzieren, desto mehr drücken Sie Zustimmung bzw. eine positive Einschätzung aus. Auf diese Weise können Sie den momentanen Ist-Zustand grafisch darstellen.

Wenn Sie jetzt noch einen Stift in einer anderen Farbe nehmen, können Sie ankreuzen, wohin Sie sich entwickeln möchten. Sie sollten dabei nur zwei oder drei Ziele im Blick haben.

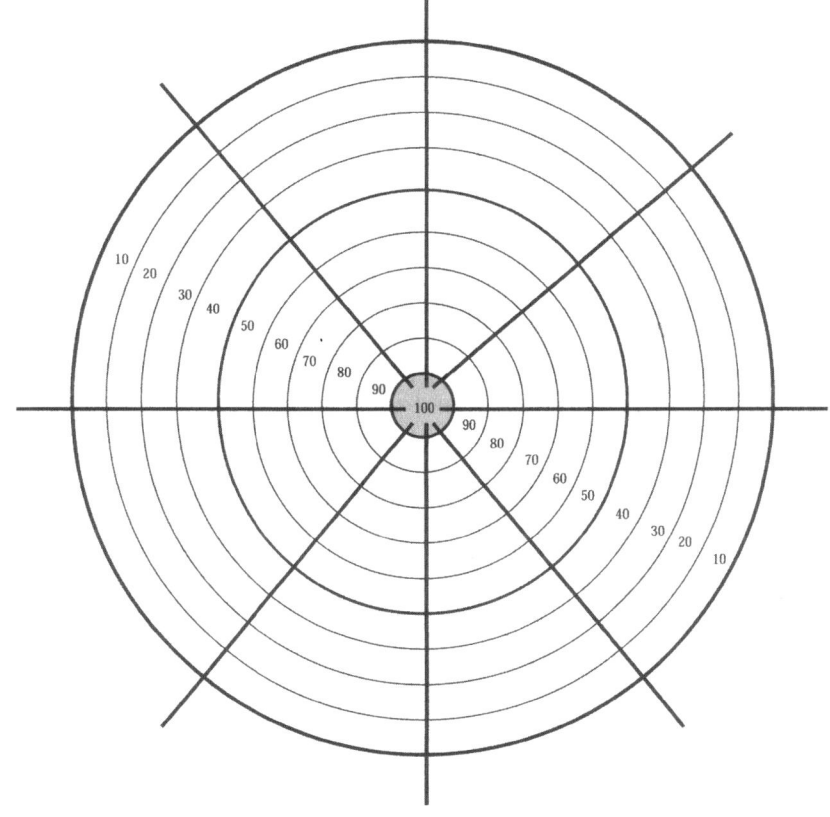

Diese Kopiervorlage wird Ihnen zur Verfügung gestellt vom

Deutschen Kinderhilfswerk e.V.
Leipziger Straße 116 - 118
10117 Berlin

Fon: +49-30-3086930
Fax: +49-30-2795634

VORBEREITUNGSLEITFADEN FÜR DAS VORSTELLUNGSGESPRÄCH

Was, Wann, Wo?	Tätigkeiten und Schwerpunkte	Welche persönlichen und fachlichen Fähigkeiten und Kenntnisse (Schlüsselkompetenzen) habe ich dabei erworben oder vertieft?	Leitfragen
Schulausbildung			Gab es Fächer/Lernsituationen, die für mein weiteres Leben aufschlussreich waren?
Berufsausbildung			Was hat mich zu der Berufsausbildung bewogen?
Zivil- oder Militärdienst/soziales oder ökologisches Jahr			Wofür und wogegen habe ich mich entschieden und warum? Habe ich mich dadurch beruflich qualifiziert?
Berufspraxis			Warum habe ich eine Berufstätigkeit aufgegeben?
Hochschulstudium/Aufbaustudium			Weshalb habe ich ein Studium aufgenommen? Wie erkläre ich einen möglichen Fachwechsel?
Praktika			War ein Praktikum für mich beruflich aufschlussreich? Haben sich dadurch wichtige Kontakte ergeben?
Jobs			Hat mich ein Job beruflich weitergebracht? Haben sich dadurch wichtige Kontakte ergeben?
Auslandsaufenthalte			Warum war ich im Ausland? Gab es Schlüsselerlebnisse?
Referendariat/Weiter-/Fortbildungen			Was hat mich dazu bewogen, mich weiter- bzw. fortzubilden?
Soziales/politisches Engagement			Was ist mir daran wichtig, was nicht? Beeinflusst das meinen Berufswunsch?
Private Interessen			Was fasziniert mich gerade daran? Beeinflusst das meinen Berufswunsch?
Familienarbeit			Gab es Schlüsselerlebnisse?
Veröffentlichungen/Arbeitsproben			Was sind meine thematischen Vorlieben/Schwerpunkte?
Wohnsituation(en)			Was hat mich veranlasst, so zu wohnen?
Sonstiges			

(Aus: Weiß 2005, S. 37)

GRUNDREGELN FÜR DAS MIND-MAPPING

▓ Das Arbeitspapier wird im Querformat genutzt. Auf der Mitte der Seite werden ein einprägsames Bild oder eine kleine Skizze angebracht, die das zu behandelnde Hauptthema darstellen. Falls eine Zeichnung nicht sinnvoll erscheint, sollte das Schlüsselwort zumindest mit 3D-Effekt in die Blattmitte gesetzt werden. Doch nicht vergessen: Ein Bild sagt mehr als tausend Worte!

▓ Von dem zentralen Bild ausgehend, wird für jeden weitergehenden Gedanken bzw. Unterpunkt eine Linie gezeichnet.

▓ Auf diese Linien werden die einzelnen Schüsselwörter zu den Unterpunkten geschrieben. Diese Worte sollten in Druckbuchstaben eingetragen werden, um die Lesbarkeit und Einprägsamkeit der Mind-Map zu erhöhen.

▓ Von den eingezeichneten Linien können wiederum weitere Linien ausgehen, auf denen die einzelnen Hauptgedanken untergliedert werden. Von diesen weiterführenden Linien können wieder andere ausgehen.

▓ Benutzen Sie unterschliedliche Farben, um die Übersichtlichkeit zu erhöhen. Gleichzeitig können auch zusammengehörende Gedanken und Ideen leicht durch die Verwendung der gleichen Farbe verdeutlicht werden.

▓ Symbole wie zum Beispiel Pfeile, geometrische Figuren, kleine Bilder, gemalte Ausrufe- oder Fragezeichen und selbst definierte Sinnbilder sind so oft wie möglich zu nutzen; sie erleichtern die Erfassung des Inhalts und können helfen, einzelne Bereiche abzugrenzen oder hervorzuheben.

▓ Bei kreativen Überlegungen sollte man sich nicht allzu lange damit beschäftigen, an welcher Stelle die Mind-Map ergänzt wird. Das stört nur den freien Gedankenfluss, denn schließlich kann man schneller denken als schreiben. Umstellungen können später immer noch in einer Neuzeichnung vorgenommen werden. Dieses Vorgehen hat außerdem den Vorteil, dass man sich ein weiteres Mal mit der gemappten Thematik befassen kann. So kann der Inhalt besser erinnert und verstanden werden, und es besteht die Chance, den entscheidenden Gedanken gerade bei dieser Neugestaltung zu bekommen (Quelle: http://www.zmija.de/mindmap.htm).

DAS PÄDAGOGISCHE TAGEBUCH

Die Schule empfiehlt ein Tagebuch zu führen, in dem ganz persönliche Eindrücke, Empfindungen, Beobachtungen und Handlungsweisen festgehalten werden. Hier können auch Gedanken und Ideen dokumentiert werden, die während des Praktikums entwickelt wurden.

Ziel des Tagebuches ist es, über das Niederschreiben des Erlebten zum Nachdenken und Überdenken angeregt zu werden. Das Tagebuch kann auch als Grundlage für Praxisgeschichten und Reflexionsgespäche dienen. Mögliche Inhalte könnten lauten:

▓ Welche Eindrücke und Empfindungen hatte ich am ersten Praktikumstag?

▓ Wie habe ich heute mit den Kindern/Jugendlichen Kontakt aufgenommen?

▓ Was habe ich getan und wie habe ich mich dabei gefühlt?

▓ Auf welche Weise haben die Kinder/Jugendlichen und die Gruppenleiterin heute mit mir Kontakt aufgenommen? Was habe ich dabei empfunden?

▓ Wobei habe ich mich heute besonders wohl gefühlt? Wer oder was hat mich heute verunsichert? Über wen oder was habe ich mich heute geärgert?

▓ Welche Konflikte gab es heute in der Gruppe? Zwischen wem? Was habe ich dabei gefühlt? Wie habe ich mich dabei verhalten?

▓ Wie bin ich solche Konflikte angegangen? Wie wurden sie gelöst?

▓ Wo und wie benötigte ich Hilfestellung?

▓ Welche Eindrücke und Empfindungen hatte ich am letzten Tag des Praktikums?

(Nach: Ellermann, Das sozialpädagogische Praktikum, S 119 f.)

BASISMETHODEN, ZIELE UND LEITFRAGEN

Methode	Ziel	Beratungsfokus	Leitfrage
Brainstorming	Lösungsideen für den Fallerzähler sammeln	lösungsorientiert	Was könnte man in einer solchen Situation alles tun?
Kopfstand-Brainstorming	Ideen in die Gegenrichtung der Schlüsselfrage produzieren	lösungsorientiert	Wie könnte der Fallerzähler die Situation verschlimmern?
Ein erster kleiner Schritt	Den Anfang für einen Lösungsweg suchen	lösungsorientiert und strukturierend	Was könnte der nächste kleine Schritt für den Fallerzähler sein?
Gute Ratschläge	Empfehlungen für den weiteren Lösungsweg zusammentragen	lösungsorientiert	Welche Ratschläge habe ich für den Fallerzähler?
Resonanzrunde	Feedback in Bezug auf die Spontanerzählung	Anteil nehmend	Was löst die Fallerzählung bei mir an inneren Reaktionen aus?
Sharing	Bezug zu eigenen, ähnlichen Erlebnissen herstellen	Anteil nehmend	An welche eigene Erfahrung erinnert mich die Falldarstellung?
Schlüsselfrage (er-)finden	Schlüsselfrage für den Fallerzähler finden	strukturierend und die Perspektive verändernd	Was könnte die Schlüsselfrage des Fallerzählers (noch) sein?
Zwei wichtige Informationen	Die Informationen der Fallschilderung neu gewichten	strukturierend	Was sind für mich die beiden wichtigsten Informationen?
Kurze Kommentare	Stellungnahmen zum Geschehen abgeben	Anteil nehmend und lösungsorientiert	Was ist mir an dem Inhalt oder der Art der Fallerzählung aufgefallen?
Erfolgsmeldung	Faktoren beschreiben, die zum Erfolg geführt haben	lösungsorientiert	Wie hat der Fallerzähler seinen Erfolg wohl erreicht?

(Aus: Kim Oliver Tietze, Kellegiale Beratung. Problemlösungen gemeinsam entwickeln. © Rowohlt Verlag, Reinbek bei Hamburg 2003, S. 117)

METHODEN FÜR FORTGESCHRITTENE

Methode	Ziel	Beratungsfokus	Leitfrage
Actstorming	Wörtliche Aussagen für ein bevorstehendes Gespräch sammeln	lösungsorientiert	Wie könnte der Fallerzähler sein Anliegen konkret formulieren?
Offene Fragen	Bisher unbeantwortete und ungestellte Fragen sammeln	die Perspektive verändernd und strukturierend	Welche Fragen könnte sich der Fallerzähler noch stellen?
Hypothesen entwickeln	Zusammenhänge der Fallschilderung neu bewerten	die Perspektive verändernd und strukturierend	Welche Hypothesen habe ich über das Geschehen?
Überraschung erfinden	Vorschläge, um festgefahrene Situationen zu verändern	lösungsorientiert und die Perspektive verändernd	Womit könnte der Fallerzähler die Beteiligten überraschen?
Umdeuten	Das Verhalten der am Problem Beteiligten positiv deuten	die Perspektive ändernd	Wie könnte man die Ereignisse positiv verstehen?
Die zweite Seite der Medaille	Stärken und Erfolge des Fallerzählers hervorheben	die Perspektive ändernd	Welche Fähigkeiten des Fallerzählers werden deutlich?
Identifikation	Die Schilderung durch vermutete weitere Positionen ergänzen	die Perspektive verändernd	Was denken wohl die übrigen Beteiligten?
Kreuzverhör	Schwachstellen im Konzept des Fallerzählers finden	die Perspektive verändernd und lösungsorientiert	Was hat der Fallerzähler bislang nicht beachtet oder berücksichtigt?
Inneres Team	Unterschiedliche innere Positionen des Fallerzählers verdeutlichen	die Perspektive verändernd und strukturierend	Welche Stimme des Fallerzählers „sagt" was zur Schlüsselfrage?
Metaphern und Analogien	Metaphern für die Situation des Fallerzählers beschreiben	die Perspektive verändernd	Womit könnte man die Situation oder Teile davon vergleichen?

(Aus: Kim Oliver Tietze, Kellegiale Beratung. Problemlösungen gemeinsam entwickeln. © Rowohlt Verlag, Reinbek bei Hamburg 2003, S. 161)

Schlüsselwörter

Diese Übung eignet sich gut für das Thema „Sinn im Leben finden". Sie zeigt symbolisch, wie unser eigenes Leben im Sinnzusammenhang steht mit dem Leben anderer Menschen um uns herum. Und sie hilft zu der Erkenntnis, dass die Frage nach dem Sinn zwar jeder nur für sich selbst beantworten kann, dass das Gespräch mit anderen aber hilfreich sein kann, um auf eigene „Blinde Flecken" aufmerksam zu werden.

Vorbereitung

Auf zwei nebeneinander hängenden, etwa zwei Meter hohen Bahnen Packpapier werden mit dickem Filzstift die Umrisse eines kräftigen, gedrungenen Baumes gezeichnet. Für alle Teilnehmenden liegt ein Blatt mit Leitfragen bereit, oder diese Fragen werden für alle sichtbar nacheinander auf ein Blatt am Flipchart geschrieben. Aus buntem Papier wurden vorher Symbole geschnitten: Wurzeln, Rindenteile, Früchte, Blätter und Knospen, pro Person mindestens jeweils drei Stück. Jede Teilnehmerin bekommt einen dicken Filzschreiber.

Beschreibung

Nach einleitenden Worten über den Baum als Sinnbild des Lebens werden nacheinander die einzelnen Symbole eingeführt: Die Wurzeln stehen für die Kraft, die wir uns holen, was uns hält und trägt: Jede schreibt auf je ein Symbol einen Gedanken, woher sie die Kraft holte (z. B. Elternhaus, Glaube, Natur). Nacheinander folgen die anderen Symbole. Zum Schluss (oder nach jedem Einzelschritt) werden die Symbole eingesammelt, vorgelesen und auf den Baum geklebt. Am Ende ist daraus ein großer, dicker, und bunter Baum geworden – als Bild für die ganze Gruppe. Die Ausbildungsbegleiterin kommentiert inhaltliche Häufungen und formuliert eine gemeinsame Gesamtaussage.
Variante: Dauert die Erarbeitung des gesamten Baumes zu lange, bearbeitet jede die Fragen für sich allein auf einem Zettel. Gemeinsam wird nur ein Symbol angeklebt, zum Beispiel die Knospen für die weitere Entwicklung in der Zukunft.

Vergrößern Sie den Baum auf DIN A 3 und tragen Sie Ihre eigenen „Werte" ein:

Der Baum als
Symbol des Lebens

Blüten/Knospen
Das möchte ich neu entwickeln
oder wieder aufgreifen und entfalten:

Blätter
Das gefällt mir an meinem gegenwärtigen Leben,
das ist mir wichtig, das brauche ich unbedingt:

Früchte
Das habe ich erreicht, das ist gelungen,
das kann ich gut, darauf bin ich stolz:

Stamm und Rinde
Das hat mich und mein
Leben entscheidend geprägt:

Wurzeln
Daher bekomme ich Nahrung
und Festigkeit für mein Leben,
darin bin ich verankert,
das gibt mir Kraft:

(Aus: Evangelisches Bildungswerk München (2004): Leben erinnern – Biografiearbeit mit Älteren. Frankfurt/M.)

MÖGLICHE STATEMENTS FÜR DAS OPTIONSKARTENSPIEL: PRAXISBEGLEITUNG

Die folgenden Aussagen sind willkürlich ausgewählt und haben keinerlei Anspruch auf Vollständigkeit. Bitte ergänzen Sie den Katalog nach Ihren Erfahrungen.

Praktikantinnen müssen ihre Arbeit regelmäßig dokumentieren.

Wer kein entsprechendes Zertifikat hat, sollte nicht begleiten.

Biografiearbeit kann die Praktikantin voranbringen.

Praktikantinnen sollten an allen außerdienstlichen Veranstaltungen teilnehmen.

Praktikantinnen sollten schon über ein hohes Maß an Selbstständigkeit verfügen.

Das Reflexionsgespräch mit der Lehrkraft ist von hoher Bedeutung.

Das Praktikum muss von allen Beteiligten gut vorbereitet werden.

Die Praktikantin muss die Bildungsempfehlungen kennen und ihre Arbeit danach ausrichten.

Wer nicht schon über die Fähigkeit zu beobachten und zu dokumentieren verfügt, kann kein Praktikum in der Kita machen.

Eine Praktikantin muss wissen und ausdrücken können, über welche Schlüsselkompetenzen sie verfügt und welche sie noch verbessern möchte.

Anleitung heißt begleiten, nicht führen.

Die Zusammenarbeit mit der Schule muss gewährleistet sein.

Praxisbegleitung kann nur in angstfreier Atmosphäre erfolgen.

Ein Praktikum ist prozessorientiert. Die Praktikantin benötigt Zeit, sich zu entwickeln.

Die Kita sollte ihre Anforderungen an Schule und Praktikantin schriftlich formulieren.

Die Ausbildungsbegleiterin gibt der Praktikantin Raum und Zeit für eigene Erfahrungen.

Diskutieren Sie im Team folgende Fragen und einigen Sie sich dabei auf eine gemeinsame Einschätzung. So treten Sie in ein Team-Gespräch ein und klären gleichzeitig die Qualitätsansprüche an Ihre Projektarbeit.

1. Wir beobachten regelmäßig und systematisch. um die Interessen und Themen der Kinder zu erkunden und sie in Projekte einfließen zu lassen.

☐ trifft nicht zu ☐ trifft eher nicht zu ☐ trifft eher zu ☐ trifft voll zu

2. Projektarbeit ist uns wichtig, weil wir damit an alle Bildungsbereiche anknüpfen und die Kinder individuell fördern können.

☐ trifft nicht zu ☐ trifft eher nicht zu ☐ trifft eher zu ☐ trifft voll zu

3. Wir können Projekte initiieren und erfolgreich durchführen.

☐ trifft nicht zu ☐ trifft eher nicht zu ☐ trifft eher zu ☐ trifft voll zu

4. Wir evaluieren unsere Projektarbeit und entwickeln sie dadurch kontinuierlich weiter.

☐ trifft nicht zu ☐ trifft eher nicht zu ☐ trifft eher zu ☐ trifft voll zu

5. Es gelingt uns, im Rahmen der Projektarbeit die Unterschiedlichkeit der Kinder wahrzunehmen und zu nutzen. Die Kinder erleben, dass sie einzigartig sind, und in ihrer Einzigartigkeit Wertschätzung erfahren.

☐ trifft nicht zu ☐ trifft eher nicht zu ☐ trifft eher zu ☐ trifft voll zu

6. Wir verfügen über ein schlüssiges Konzept für die Projektarbeit.

☐ trifft nicht zu ☐ trifft eher nicht zu ☐ trifft eher zu ☐ trifft voll zu

7. Hinter dem Konzept stehen 80 Prozent der Mitarbeiterinnen.

☐ trifft nicht zu ☐ trifft eher nicht zu ☐ trifft eher zu ☐ trifft voll zu

Klären Sie bitte anschließend auch folgende Fragen:

▪ Konnten wir uns auf eine gemeinsame Einschätzung einigen? War das leicht oder schwer?
▪ Wenn es Unterschiede gab, worin waren diese begründet?
▪ Wie werden Sie künftig mit den Unterschieden umgehen?
▪ Welche weiteren Fragen gilt es im Team noch zu klären?

Literaturverzeichnis und -empfehlungen

Andres, B. (2002): Beobachtung und fachlicher Dialog. In: H.-J. Laewen/B. Andres (Hrsg.): Forscher, Künstler, Konstrukteure. Werkstattbuch zum Bildungsauftrag von Kindertageseinrichtungen. Neuwied u. a., S. 88–99 & S. 100–108.

Baacke, D./Schulze, Th. (Hrsg.) (1993): Aus Geschichten lernen. Zur Einübung pädagogischen Verstehens. München.

Beck, R./Schwarz, G. (1997): Personalentwicklung. Germannberg.

Carr, M. (2001): Assessment in Early Childhood Settings. Learning Stories. London.

Deutscher Berufsverband für Soziale Arbeit e.V. (Hrsg.) (2003):Praxisorientierung im Studium der sozialen Arbeit – Empfehlungen zur Praxisanleitung. Essen.

Ellermann, W. (2013): Das sozialpädagogische Praktikum. Berlin.

Ellermann, W. (2007): Handreichung zum Praktikum. Fachschule für Sozialpädagogik Lensahn.

Fläming, K. (2008): Vortrag mit Diskussion: Bildungs- und Lerngeschichten – Erfahrungen aus der Praxis – Protokoll der Veranstaltung. München.

Geschäftsstelle des Landesverbands katholischer Einrichtungen (Hrsg.) (2003): Pädagogischer Rundbrief. Ein Kommentar aus der Praxis der Erziehungshilfe. Benediktbeuern.

Gordon, Th. (2005): Managerkonferenz. Effektives Führungstraining. München.

Gudjons, H. /Pieper, M./Wagener, B. (1986): Auf meinen Spuren. Das Entdecken der eigenen Lebensgeschichte. Hamburg.

Hamburger Institut für Berufliche Bildung (HIBB) (2009): Erzieher/Erzieherinnen. Standards für die praktische Ausbildung in Hamburg.

Hameyer, U./Schley, W. (1999): Konfliktmoderation. In: journal für schulentwicklung 2/1999. Innsbruck, S. 6.

Heck, A. (2002): Themen der Kinder. In: H.-J. Laewen/S. Hering: Über die Kunstfertigkeit professionellen Handelns. In: Unsere Jugend 56 (2004), Heft 11, S. 451–454.

Herrmann, C./Kany, P. (2010): Systematische Beobachtung und Dokumentation. In: KiTa aktuell NRW 4/2010, S. 81.

Hofer, B./Schroll-Decker, I. (2005): Anmerkungen zum „Privatvergnügen" Praxisanleitung. In: KiTa aktuell BY 7/8/2005, S. 155–159.

Jugendministerkonferenz 2001: „Lernort Praxis" in der Ausbildung der Erzieherinnen und Erzieher: www.mbjs.brandenburg.de/media/bb1.c.216680.de

Klawe, W./Wieckhorst, W. (2002): Praxisanleitung/Praktikantenanleitung. In: Unsere Jugend 54 (2002), Heft 1, S. 24–29.

Königswieser, R./Patak, M. (1999): Konfliktintervention. Ein Neuwaldegger Modell. In: journal für schulentwicklung. Innsbruck, S. 93 ff.; www.neuwaldegg.at.

Krieg, E. (2004): Beobachten, Interpretieren, Handeln. STEP-Kitapraxis, Bd.1, Coenius-Institut. Münster.

Marona-Glock, K./Höhl-Spenceley, U. (2007): Praxisanleitung. Anleiter/innen-Qualifikation in sozialpädagogischen Berufen. Berlin.

Meinzer, G./Finkeldey, C. (1998): Praxisanleitung in der Erzieherinnenausbildung – mehrperspektivisch betrachtet (Teil 1). In: Unsere Jugend 51, Heft 12, S.548–558.

Meinzer, G./Finkeldey, C. (1999): Praxisanleitung in der Erzieherinnenausbildung – mehrperspektivisch betrachtet (Teil 2). In: Unsere Jugend 51, Heft 2, S.71–79.

Morlock, W./Riehn, S. (2009): Wir bilden aus! Voraussetzungen für eine gelingende Praxisanleitung. In: kindergarten heute. Freiburg i. Br.

Müller-Neuendorf, M. (2005): Ist die Ausbildung der Erzieherinnen und Erzieher in den Fachschulen/Fachakademien für Sozialpädagogik in Deutschland noch zukunftsfähig? In: Kita spezial 3/2005, S.6f.

Niedersächsisches Institut für frühkindliche Bildung und Entwicklung – Aktuelles (http://www.nifbe.de/pages/posts/positionspapier-professionalisierung179.php).

Ostermayer, E. (2008): Kinder brauchen Freiheit und Geborgenheit. In: TPS – Leben, Lernen und Arbeiten in der Kita, Heft 7/2008.

Pöppel, E.: Interview im FAZ-Magazin vom 31. Dezember 1998.

Rauen, Ch. & Steinhübe, A.: Beschreibung der Fünf Phasen des Coachingprozesses. In: www.rauen.de/coaching/business-coaching.htm

Reiss, H. -C. (1995): „Qualitätssicherung in Sozialen Diensten als Controllingproblem". In: C. Badelt (Hrsg.). Qualitätssicherung in den Sozialen Diensten. Beiträge zur Interdisziplinären Fachtagung, 26. Jänner 1995. Krems: Wissenschaftliche Landesakademie für Niederösterreich, S.59–90.

Riemann, F./Schulz von Thun, F. (2003): Miteinander reden 3. Das „Innere Team" und situationsgerechte Kommunikation. Reinbek, S.262 –272.

Sächsisches Staatsministerium für Soziales (Hrsg.) (2006): Der Sächsische Bildungsplan. Weimar/Berlin.

Schäfer, G. E. (Hrsg.) (2003): Bildung beginnt mit der Geburt. Förderung von Bildungsprozessen in den ersten sechs Lebensjahren. Weinheim/Basel/Berlin.

Schäfer, G. E. (2005): Überlegungen zur Professionalisierung von Erzieherinnen. Expertise im Auftrag der Robert-Bosch-Stiftung im Rahmen des Programms „PiK – Profis in Kitas".

Schatz, G. (2003): Pädagogischer Rundbrief, Kath. Stiftungsfachhochschule Benediktbeuern. http://www.lvbayern.caritas.de/aspe.../download.asp?nr

Schulz von Thun, F. (1998): Miteinander reden, Teil 3: Das „Innere Team" und situationsgerechte Kommunikation. Reinbek, S.262–272.

Stamer-Brandt, P. (2010): Projektarbeit in Kita und Kindergarten: planen, durchführen, dokumentieren. Freiburg i. Br.

Stamer-Brandt, P./Ulbrich, R. (2007): Von Elternrecht bis Aufsichtspflicht. In: basiswissen kita. Freiburg i. Br., S.54.

Strätz, R./ Demandewitz, H. (2005): Beobachten und Dokumentieren in Tageseinrichtungen für Kinder. Weinheim/Basel.

Tietze, K. O. (2003): Kollegiale Beratung. Problemlösungen gemeinsam entwickeln. Reinbek.

Weber, K./Herrmann, M. (2004): Praktikantinnen-Anleitung. In: basiswissen kita. Freiburg i. Br.

Weber, K. (2006):Erfolgreiche Gesprächsführung in der KiTa. In: basiswissen kita. Freiburg i. Br.

Weiß, C. (2005): Von Soft Skills und harten Fakten. Tipps zum Einstieg in pädagogische Berufe. GEW. Essen.